A Style Book

for Little Ladies

12歳《さい》。

まだ、おとなじゃない。

だけどもう、

小《ちい》さな子《こ》どもでもない。

境界線《きょうかいせん》をゆく「リトル・レディ」。

かろやかに、

すきな色《いろ》をまとって。

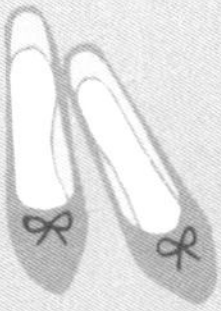

12歳《さい》のスタイルブック

はじめてのおしゃれレッスン！

【スタイリングと文】
服部裕子

【物語と絵】
サトウユカ

もくじ　Contents

はじめに　おしゃれの魔法《まほう》でかがやくために……9

1章《しょう》　コーディネートの基礎《きそ》レッスン
～わたしがときめく、おしゃれのつくり方《かた》～

おしゃれの基本《きほん》は、コーディネート！……18
コーディネートの3ステップ……19

STEP 1　主役《しゅやく》アイテムをきめる！……20
あなたのきょうの主役《しゅやく》アイテムは？……22
STEP 2　主役《しゅやく》アイテムの見《み》せ方《かた》をきめる！……24
STEP 3　主役《しゅやく》を引《ひ》きたてるアイテムをえらぶ！……25

POINT 1　色《いろ》……26
POINT 2　素材《そざい》……28
POINT 3　シルエット……30

Lets's try!　ステップ1・2・3で、コーデしてみよう!……32

Little Story
きょうはどんなわたしになる？……33

2章《しょう》　コーディネートの仕上《しあ》げレッスン
〜もっとかわいくなる、おしゃれの楽《たの》しみ方《かた》〜

コーディネートをグレードアップさせよう！……42
コーディネートを仕上《しあ》げる7つのレッスン……43

Lesson 1
足元《あしもと》のおしゃれ★くつ……44
How to くつのえらび方《かた》……46
Lesson 2
いつもたよりになるバディ★バッグ……48
How to バッグのえらび方《かた》……50
Lesson 3
仕上《しあ》げのスパイスに★アクセサリーと小物《こもの》……52
Lesson 4
着《き》がえたあとのお楽《たの》しみ★ヘアアレンジ……54
Lesson 5
ほんのり色《いろ》づけよう♥メイクアップ……58
Lesson 6
美《うつく》しさはここから♥姿勢《しせい》と表情《ひょうじょう》……60
Lesson 7
見《み》えないところも大切《たいせつ》★きれいの習慣《しゅうかん》……62

Little Story
12歳《さい》、はじめてのおしゃれ。……65

3章《しょう》　12歳《さい》のワードローブ
～「なりたいわたし」になるためのレッスン～

「なりたいわたし」を見《み》つけよう！……74
基本《きほん》の4大《だい》ファッションテイスト……75
Close up！ ガーリーテイストのつくり方《かた》……76
ガーリースタイル見本《みほん》……78
Close up！ クールテイストのつくり方《かた》……80
クールスタイル見本《みほん》……82
Close up！ ポップテイストのつくり方《かた》……84
ポップスタイル見本《みほん》……86
Close up！ ベーシックテイストのつくり方《かた》……88
ベーシックスタイル見本《みほん》……90

失敗《しっぱい》しないお買《か》い物《もの》のコツ
その1　ウィッシュリストをつくる……92
その2　「なりたいわたし」を発表《はっぴょう》する！……94
その3　なりたいイメージを意識《いしき》して、いざお買《か》い物《もの》！……95
その4　試着《しちゃく》はマスト！……96

Little Story
カラフルハート……97

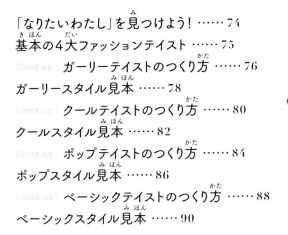

4章《しょう》　12歳《さい》のスタイル・コレクション
～リトル・レディのすてきな365日《にち》～

12歳《さい》は、一度《いちど》だけ。……106
Style Collection 1 ……107
Style Collection 2 ……108
Style Collection 3 ……109
Style Collection 4 ……110
Style Collection 5 ……111
Style Collection 6 ……112
Style Collection 7 ……113
Style Collection 8 ……114
Style Collection 9 ……116
Style Collection 10 ……117
Style Collection 11 ……118
Style Collection 12 ……119
Style Collection 13 ……120
Style Collection 14 ……121
Style Collection 15 ……122
Style Collection 16 ……124
Style Collection 17 ……125
Style Collection 18 ……126
Style Collection 19 ……127
ヒロが12歳《さい》のとき、すきだったもの…………128

Little Story

「すき!」はたからもの ……129

おわりに ……137

リトル・レディのおしゃれチェックリスト ……140

はじめに

おしゃれの魔《ま》法《ほう》でかがやくために

さあ、そこにすわって！☺

これから、おしゃれの話《はなし》をしましょう。

わたしはヒロ。

スタイリストの仕《し》事《ごと》をしているの。

スタイリストっていうのは雑《ざっ》誌《し》・広《こう》告《こく》などで、モデルさんや

商《しょう》品《ひん》がすてきに見《み》えるように、服《ふく》や小《こ》物《もの》をえらんで

「コーディネート」をする人《ひと》。

つまり、おしゃれのスペシャリストなの。

はじめまして♥
よろしくね！

小《ちい》さなころからずっと、おしゃれがだいすきだったわたし。
学校《がっこう》から帰《かえ》ると、いつもひとりでファッションショー。
ママのリップをこっそりぬって、ハイヒールをはいて、
雑誌《ざっし》を読《よ》むのに夢中《むちゅう》になって……。

この本《ほん》を手《て》にとってくれたあなたも、きっとあのころの
わたしみたいにおしゃれに興味津々《きょうみしんしん》、だよね？

おしゃれをするとね……。
ファッションのもつパワーを、味方《みかた》につけることができるの。
そうやってすごしていくと、おとなになってもずっと
自由《じゆう》に楽《たの》しく、自分《じぶん》らしいコーディネートを
楽《たの》しむことができるんだ。
それってね、すごくすてきなことだよ。

Little Lady

だから、わたしは声《こえ》を大《だい》にしていいたい！
リトル・レディのみんな、おしゃれを苦手《にがて》にしないで！って。
12歳《さい》の今《いま》こそ、おしゃれと仲良《なかよ》くなって、
あなたのムゲンの可能性《かのうせい》を引《ひ》きだしてほしいんだ！

でも実際《じっさい》は、「おしゃれってムズカシイ」と思《おも》っている人《ひと》が
けっこう多《おお》いよね。服《ふく》を着《き》るのは毎日《まいにち》のことだから、
ついテキトーになりがちだし、なにをどうえらべばいいのか、
毎朝《まいあさ》なやんじゃったり……。

そんなあなたに、
まず知《し》っておいて
ほしいこと！
キリッ

だいじょうぶ、
おしゃれに「正解《せいかい》」はないよ！

たとえば同《おな》じ服《ふく》を着《き》ていても、その人《ひと》の個性《こせい》やスタイルによって全然《ぜんぜん》ちがって見《み》えること、あるでしょ？　きょう、この場所《ばしょ》ではすごくすてきに見《み》えたのに、別《べつ》の日《ひ》、別《べつ》の場所《ばしょ》では、なんかパッとしないな～、なんてことも、ね？
おしゃれには、ひとつの正解《せいかい》があるわけじゃないんだ。

「えー、じゃあどうしたら
おしゃれになれるの？」
そんなみんなの声《こえ》が、
きこえてきているよ～。

だいじょうぶ、その答《こた》えも、
じつはかんたん。
なぜなら……。

おしゃれは、あなたの心《こころ》の中《なか》にあるから。

感《かん》じたことあるよね？
手《て》にしたとたん「これ、すき！」
って、むねがキュンとする、
ときめきの気持《きも》ち。
そこにこそ、「あなたのおしゃれ」の
原石《げんせき》があるんだ。

流行《りゅうこう》にのっていても、
のっていなくても、自分《じぶん》がときめきを感《かん》じた服《ふく》を着《き》て、
「わたしはこれがすき♥」って気持《きも》ちを全身《ぜんしん》で表現《ひょうげん》している
人《ひと》は、どうどうとしていて、とってもすてき。つまり……。
おしゃれは、心とつながっている。
まったく同《おな》じ心《こころ》をもつ人《ひと》がいないように、

おしゃれの形も、ひとりひとり、ちがうんだ。

流行《りゅうこう》のアイテムにときめくのもいいし、ママのむかしの
ワンピースを「かわいい！」って思《おも》うのもすてき♥

だからね……。

おしゃれになるための、はじめの一歩《いっぽ》は、

自分《じぶん》の心《こころ》を見《み》つめてみること。

とびきりおもしろい本《ほん》を読《よ》んだとき。かわいいお店《みせ》を見《み》つけたとき。感動《かんどう》で心《こころ》がふるえたとき。恋《こい》をしたとき。

「わたし、今《いま》ときめいてる！」と思《おも》ったら、心《こころ》のままに、その気《き》持《も》ちを自分《じぶん》の中《なか》に育《そだ》てていこう。

なくさないように、心《こころ》の宝箱《たからばこ》にしまっておこう。

新《あたら》しいときめきにたくさん出《で》合《あ》えるように、知《し》らない世界《せかい》やはじめてのことにも、こわがらずチャレンジしてみよう。

自分《じぶん》はなにがすきなのかを知《し》ることこそが、じつは、
自分《じぶん》だけのおしゃれにたどりつくための、一番《いちばん》の近道《ちかみち》だから。

この本《ほん》では、おしゃれになれる方法《ほうほう》を、
たっぷりお話《はな》しするつもり。
コーディネートの基礎《きそ》や、アイテムをあわせるコツ、
おしゃれのテクニックももちろんレッスンするけれど、

おしゃれの主役《しゅやく》は、
いつも「わたし」。

このことを、どうかわすれないでね。

コーディネートがバッチリきまると、
なんでもない一日《いちにち》がとくべつな日《ひ》になる。
不安《ふあん》で前《まえ》に進《すす》めないとき、あと少《すこ》し勇気《ゆうき》をだしたいとき、
お気《き》に入《い》りのセーターがそっと背中《せなか》をおしてくれる。

そんなおしゃれの魔法《まほう》を味方《みかた》につけたら、
毎日《まいにち》はもっとかがやきだすよ！
そのための一歩《いっぽ》を、
いっしょにふみだそうね★

My Very First Book on Fashion

1 章《しょう》

コーディネートの基礎《きそ》レッスン

～わたしがときめく、おしゃれのつくり方《かた》～

おしゃれの基本《きほん》は、コーディネート！

朝起《あさお》きて、なんとな〜く服《ふく》をえらんでない？
トップスとボトムスを、てきとうにあわせてない？
身《み》につける服《ふく》の組《く》みあわせをきめる
「コーディネート」（略《りゃく》して「コーデ」）こそが、
おしゃれになるための基本《きほん》です！

たくさん服《ふく》をもっていなくても、だいじょうぶ。
コーデの「3ステップ」をマスターすれば、あなたも、
手持《ても》ちのアイテムを自由《じゆう》に組《く》みあわせられるようになるよ。
それに、きょう着《き》る服《ふく》をえらぶ時間《じかん》も、
ぐんと楽《たの》しくなるはず♪
さっそく、レッスンをはじめるね！

コーディネートの3ステップ

STEP 1 主役《しゅやく》アイテムをきめる！

ときめきが大事《だいじ》！
きょう一番《いちばん》「すき♥」「着《き》たい！」
と思《おも》うアイテムはどれ？

STEP 2 主役《しゅやく》アイテムの見《み》せ方《かた》をきめる！

主役《しゅやく》アイテムを身《み》につけて、
どんな女《おんな》の子《こ》になりたい？

STEP 3 主役《しゅやく》を引《ひ》きたてるアイテムをえらぶ！

えらぶときのポイントは、
色《いろ》・素材《そざい》・シルエット！

STEP 1

主《しゅ》役《やく》アイテムをきめる！

まずは、コーデの主役《しゅやく》をきめよう！
あなたがきょう一番《いちばん》「すき♥」と思《おも》うアイテムはどれ？
自分《じぶん》のときめきアンテナをピンとたてて、「これが着《き》たい♥」と感《かん》じるアイテムを主役《しゅやく》にえらぼう。

MEMO

**主役《しゅやく》アイテムは
服《ふく》じゃなくてもOK《オーケー》。
くつやバッグ、
ぼうし……
なれてきたら、
自由《じゆう》にえらんで★**

「今《いま》、これがはやっているから……」「さいきん着《き》てないし……」なんて、条件《じょうけん》でえらんでしまうと、けっきょくどこか気《き》に入《い》らないコーデになってしまいがち。
**おしゃれ力《りょく》をきたえたいなら、ときめきと直感《ちょっかん》を大切《たいせつ》に。
そのつみかさねが、自分《じぶん》だけのおしゃれにつながっていくよ。**

つぎに、きょうがどんな日《ひ》になりそうかを考《かんが》えてみよう。

きょうの
天気《てんき》と気温《きおん》は？

きょうの体調《たいちょう》は？
きょうの気分《きぶん》は？

うーんと

どこにいく？
どんなことをする予定《よてい》？

どんな人《ひと》と会《あ》う？
だれとすごす？

どうかな？
天気《てんき》や体調《たいちょう》、予定《よてい》によっては、えらんだ主役《しゅやく》アイテムだと快適《かいてき》にすごせないこともあるよね。
コーデは、あなたが一日《いちにち》を、楽《たの》しくすごすためのもの。
えらんだアイテムが、その日《ひ》のじゃまをしてしまうようなら、スッパリあきらめてさいしょにもどり、もう一度《いちど》えらびなおそう。

MEMO

**「すき♥」という直感《ちょっかん》で主役《しゅやく》をきめる！
→それから条件《じょうけん》を考《かんが》える、という順番《じゅんばん》がグッド。
くりかえすうちに、自然《しぜん》にできるようになるよ★**

What's your main item of the day?

あなたのきょうの主役《しゅやく》アイテムは？

はくだけでとくべつな気持《きも》ち♥
大事《だいじ》なコート。
ボタンが♥なの！

ずーっと着《き》てるくたくたなパンダロングT《ティー》シャツ

Panda
子犬《こいぬ》みたいにモフモフなセーター
だいすきなデニムのショートパンツ♥
耳元《みみもと》でゆれるイヤリング★
冬《ふゆ》がまちどおしくなる！
うさちゃんリュック♥
フリーマーケットで見《み》つけたほりだしもの♥
背《せ》のびなワイドパンツ。おとなっぽくてすき♥
ししゅうがかわいいガーリーなＧ《ジー》ジャン♥
星柄《ほしがら》にひとめぼれ♥
ビーズがついたすてきなくつ
ストライプはクールガールの味方《みかた》♥
ミミおばさんにもらったレザーのポシェット
耳《みみ》つきなの！
見《み》るたびニコニコ♪

勉強《べんきょう》がんばれるカーディガン！
フープイヤリングは万能選手《ばんのうせんしゅ》
あこがれブランドのトレーナー。ヘビロテ中《ちゅう》！
twelve
着《き》ると元気《げんき》になれるパーカ
夏《なつ》がまちどおしくなる！
コレクションしてるカラフルくつした♥
宝物《たからもの》のレースワンピース
CURIOUS
学校《がっこう》にいく日《ひ》はこれ！
だいすきなチェックのスカート♥
いとこのお兄《にい》ちゃんにもらったビッグT《ティー》シャツ
たよれる相棒《あいぼう》デニム♥
ピンクのチュールスカートやっと買《か》ってもらったの♥
お花《はな》のワンピースはおでかけ用《よう》
フランスの女《おんな》の子《こ》みたいになれるくつ♥エスパドリーユっていうんだって
ごきげんな虹色《にじいろ》ベルト
外国《がいこく》のおみやげのビーズバッグ♥

STEP 2

主役《しゅやく》アイテムの見《み》せ方《かた》をきめる！

主役《しゅやく》がバッチリきまったら、つぎのアイテムを……といきたいところだけれど、ちょーっとまった！　**ここで主役《しゅやく》アイテムをどう見《み》せるかの作戦《さくせん》をたてると、一日《いちにち》のコーデの満足度《まんぞくど》がグッとアップするの。さっそくやってみよう！**

MEMO

アイドルのプロデューサーになった気分《きぶん》で、主役《しゅやく》アイテムとむきあってみて！

これは、スタイリストがコーデを組《く》むときにもかならずおこなう作業《さぎょう》だよ。作戦《さくせん》のたて方《かた》によって、コーデの仕上《しあ》がりが、まったくちがってくるからね。

STEP 3

主役《しゅやく》を引《ひ》きたてるアイテムをえらぶ！

さあ、コーデの作戦《さくせん》をたてたら、いよいよつぎのステップ。
主役《しゅやく》アイテムの魅力《みりょく》を引《ひ》きたてる別《べつ》のアイテムを組《く》みあわせて、コーデを完成《かんせい》させよう！

ピンクのスカート。
主役《しゅやく》アイテムの
ピンクのロゴと
リンクできるよ♥
わたしは

「主役《しゅやく》アイテムの魅力《みりょく》を引《ひ》きたてる」。
かんたんそうだけど、じつはこれ、おとなでもちょっとムズカシイ上級《じょうきゅう》テクニック。
でもね、**つぎの「3つのポイント」をおさえておけばだいじょうぶ。**
みんなにも、主役《しゅやく》アイテムを引《ひ》きたてる、おしゃれコーデがつくれるよ！

MEMO

引《ひ》きたてアイテムをえらぶ、3つのポイント★

❶ 色《いろ》
❷ 素材《そざい》
❸ シルエット

つぎのページからくわしく説明《せつめい》するよ！

POINT 1

色《いろ》

コーデの第一印象《だいいちいんしょう》を大《おお》きく左右《さゆう》する、色《いろ》。色《いろ》のもつイメージを使《つか》って主役《しゅやく》を引《ひ》きたて、なりたいイメージをかなえよう！

主役《しゅやく》アイテム

なりたいイメージ

引《ひ》きたてる色《いろ》は……

ピンク色《いろ》のロゴトレーナー

ガーリー かわいい

やわらかい色《いろ》や明《あか》るい色《いろ》をあわせると、ピンクのかわいらしさがUP《アップ》★

ミルクティー色《いろ》　水色《みずいろ》　白《しろ》　赤《あか》

クール かっこいい

こいめの色《いろ》をあわせてピンクをキリッと引《ひ》きしめれば雰囲気《ふんいき》がかわる！

黒《くろ》　グレージュ　カーキ　むらさき

タータンチェックのショートパンツ

ベーシック さわやか

すっきりした色《いろ》、またはクラシカルな印象《いんしょう》の色《いろ》をあわせると、好感度《こうかんど》の高《たか》いコーデが完成《かんせい》！

紺色《こんいろ》　ラベンダー　レモンイエロー　茶色《ちゃいろ》

ポップ 個性的《こせいてき》

主役《しゅやく》アイテムと逆《ぎゃく》の印象《いんしょう》をもつ明《あか》るい色《いろ》をあわせるとおしゃれ上級者《じょうきゅうしゃ》に★

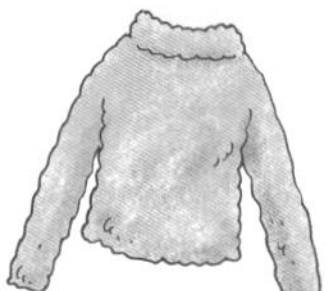

やまぶき色《いろ》　フューシャピンク　みどり　オレンジ

いろんな色《いろ》がまざった柄《がら》ものが主《しゅ》役《やく》アイテムなら……

- 無地《むじ》のアイテムがあわせやすいよ。
- あわせるアイテムは、柄《がら》の中《なか》にある一色《いっしょく》とリンクさせると◎《マル》。
- 柄《がら》×柄《がら》コーデも同系色《どうけいしょく》でまとめればOK《オーケー》。どちらかを細《こま》かい柄《がら》にするなど、柄《がら》の大小《だいしょう》に差《さ》をつければ、うまくまとまるよ。

主役《しゅやく》アイテム

ボーダー柄《がら》のT《ティー》シャツ

あわせるアイテム

ボーダーの色《いろ》からひろった、**パープルのスキニーパンツ**。

主役《しゅやく》アイテム

ドット柄《がら》のスカート

あわせるアイテム

スカートの青《あお》と同《おな》じ色《いろ》の毛糸《けいと》がまざった**ミックスカラーのリブセーター**。

主役《しゅやく》アイテム

フラッグチェック柄《がら》のスカート

あわせるアイテム

モノトーン（黒《くろ》×白《しろ》）の柄《がら》スカートと、相性《あいしょう》バツグンな**ブロッキングカラーのパーカ**。

主役《しゅやく》アイテム

チェック柄《がら》のワイドパンツ

あわせるアイテム

同《おな》じ紺色《こんいろ》をベースにした、細《こま》かい花柄《はながら》T《ティー》シャツ。柄《がら》に大小《だいしょう》の差《さ》がついているから、バランスグッド。

POINT 2

素材《そざい》

主役《しゅやく》アイテムをさわってみよう。しっとり、ツルツル、さらさら……。
いろんな手《て》ざわりがあるのは、布《ぬの》や生地《きじ》にそれぞれとくちょうがあるから。**どんな素材《そざい》のアイテムをあわせるかによって、主役《しゅやく》アイテムの印象《いんしょう》もかわってくるよ。**

綿花《めんか》からできる糸《いと》でつくられる素材《そざい》。なめらかでさらっとした手《て》ざわり。

化学的《かがくてき》につくられた繊維《せんい》の素材《そざい》。やわらかでウールににた風合《ふうあ》いがある。

化学的《かがくてき》につくられた繊維《せんい》の素材《そざい》。他《ほか》と少《すこ》しまぜてのびちぢみする布地《ぬのじ》に。

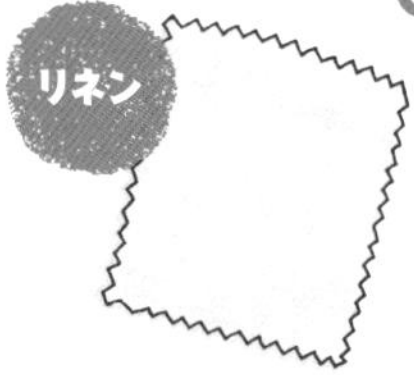

植物《しょくぶつ》の麻《あさ》からとれる繊維《せんい》の素材《そざい》。少《すこ》しザラッとしたハリのある手《て》ざわり。

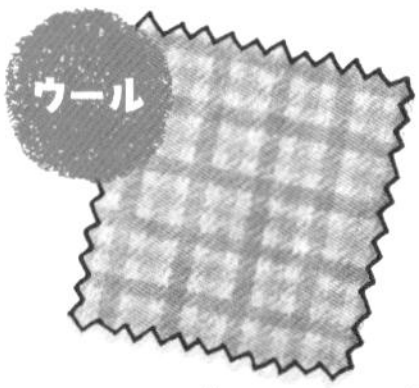

ヒツジの毛《け》からできた素材《そざい》。ふかふかしてあたたかく、しっかりしている。

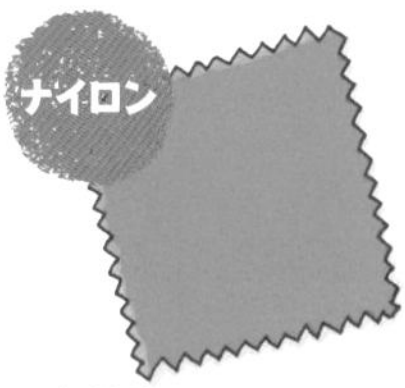

化学的《かがくてき》につくられた繊維《せんい》の素材《そざい》。じょうぶで摩擦《まさつ》につよく水《みず》をよくはじく。

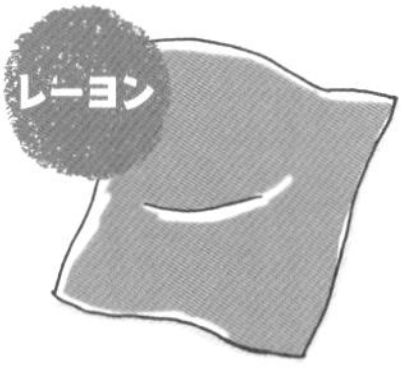

木《き》の繊維《せんい》からできた素材《そざい》。水《みず》をよくすい、なめらかでシルクににたツヤがある。

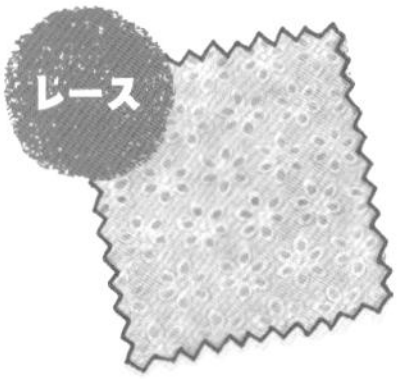

糸《いと》を編《あ》んだりからませたりしてつくられたすきまのある装飾的《そうしょくてき》な布地《ぬのじ》。

インディゴ染料《せんりょう》でそめた経糸《たていと》と、白《しろ》い緯糸《よこいと》を使用《しよう》した厚地《あつじ》の綿織《めんお》り生地《きじ》。

化学的《かがくてき》につくられた繊維《せんい》の素材《そざい》。とてもじょうぶでシワになりにくい。

きわめて軽《かる》くやわらかい糸《いと》で織《お》った薄手《うすで》の織物《おりもの》。ドレスの生地《きじ》にも使《つか》われる。

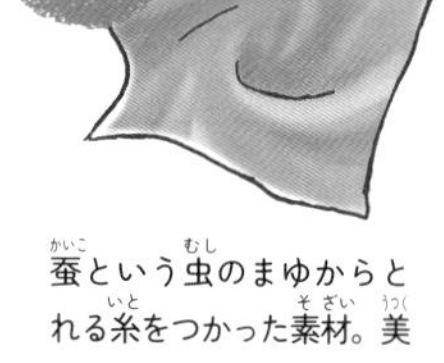

蚕《かいこ》という虫《むし》のまゆからとれる糸《いと》をつかった素材《そざい》。美《うつく》しいツヤがありなめらか。

素材感《そざいかん》をミックスして、メリハリコーデ

主役《しゅやく》アイテム

ワンピース

素材：アクリル

手ざわり：モコモコ、やわらか

引《ひ》きたてアイテム

G《ジー》ジャン

素材：デニム

手ざわり：ゴワゴワ、かたい

やわらかい素材《そざい》に、かたい手《て》ざわりの布《ぬの》地《じ》……など、ちがう素材《そざい》をあわせると、主役《しゅやく》アイテムの存在感《そんざいかん》が引《ひ》きたつよ。

素材感《そざいかん》をあわせて、すっきりコーデ

主役《しゅやく》アイテム

ブラウス

素材《そざい》：コットン＋レーヨン

手《て》ざわり：さらさら、なめらか

引《ひ》きたてアイテム

スカート

素材《そざい》：ポリエステル

手《て》ざわり：さらさら、なめらか

主役《しゅやく》アイテムと引《ひ》きたてアイテムの素材感《そざいかん》をあわせると、全体的《ぜんたいてき》に統一《とういつ》感《かん》がでてシンプルなコーデになるよ。

POINT 3

シルエット

コーデは全体《ぜんたい》のシルエットによって、印象《いんしょう》をかえることができるの。
4つの基本《きほん》ラインのとくちょうを意識《いしき》すると、
なりたいイメージにぐっと近《ちか》づけるよ！

A《エー》ライン

ふんわりやさしいシルエット。
ゆったりとしたワンピースや、細身《ほそみ》のトップス×ボリュームボトムスなどで完成《かんせい》。

I《アイ》ライン

クールでスタイリッシュなシルエット。
上下《じょうげ》ともにピタッとした服《ふく》や、ストンと落《お》ちるような素材《そざい》の服《ふく》をえらべば完成《かんせい》。

Y《ワイ》ライン

かっこいいこなれシルエット。
ゆったりとボリュームのあるトップスに、すっきり細身《ほそみ》のボトムスをあわせれば完成《かんせい》。

X《エックス》ライン

かわいいガーリーシルエット。
ふんわりトップスに、すそ広《ひろ》がりのボトムスを。ウエストをくびれさせれば完成《かんせい》。

おしゃれな着《き》こなし感《かん》がだせる

ワンランクUP☆★MEMO

トップスのすそを前《まえ》がわだけふわっとイン！ベルトを見《み》せると、足《あし》を長《なが》く見《み》せられるよ。

タックイン

シャツのボタンは上《うえ》2つあけると、こなれた印象《いんしょう》に。真《ま》ん中《なか》の2つだけとじてX《エックス》ラインをつくるのもアリ。

ボタンをあける

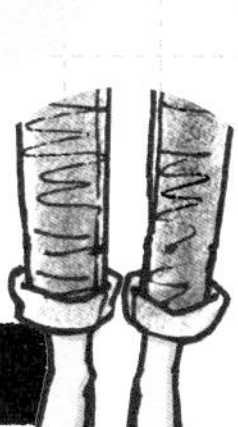

ロールアップ

パンツのすそを2回《かい》おりかえして、足首《あしくび》を見《み》せると、たちまちスッキリ！

Let's try!

ステップ1·2·3で、コーデしてみよう！

STEP 1

……………

きょうの
主役《しゅやく》アイテムは？

クールな
ストライプ柄《がら》の
ボトムス

カジュアルな
ロゴ入《い》り
トレーナー

STEP 2

……………

主役《しゅやく》アイテム
どう見せる？

モノトーンで
かっこいい
アイテムだけど、
きょうはポップに
着《き》たいなあ。

いつもはデニムを
あわせるけど、
きょうはおとなっぽく
仕上《しあ》げたい……。

STEP 3

……………

あわせる
引《ひ》きたて
アイテムは？

ネオンイエローの
ロングT《ティー》シャツ！

ボルドーの
プリーツスカート！

おとなっぽい
モノトーンに、
はでな色《いろ》をあわせれば
個性的《こせいてき》になるよ。
コンパクトな
I《アイ》シルエットにまとめて
クール&《アンド》ポップに。

完成《かんせい》！

カジュアルな素材《そざい》の
トップスに、
ハリのある上品《じょうひん》な印象《いんしょう》の
ボトムスをあわせた
メリハリコーデ。
たっぷりしたA《エー》ラインで
おとなガーリーが完成《かんせい》！

Little Story《リトル・ストーリー》

きょうはどんなわたしになる?

朝《あさ》、なにを着《き》ようかなって考《かんが》えるとき、

自分《じぶん》にきいてみるの。

きょうは、なに色《いろ》の気分《きぶん》？

どんなわたしでいたい？って。

ギンガムチェックに
スカートをあわせて、
さわやかスクールガール？

それとも、
おとなガーリーな
ピンクとラベンダー？

白黒《しろくろ》に赤《あか》いスニーカーをあわせて
……『ふしぎの国《くに》のアリス』の
登場人物《とうじょうじんぶつ》みたいに？

そうだ、冒険家《ぼうけんか》に

なるのもいいよね！

やっぱり、

ふんわりスカートで

妖精《ようせい》になろうかな。

自分《じぶん》できめたコーディネートが、

一日中《いちにちじゅう》きらめくパワーをくれる。

きょうのわたしは、スルスルッとつなわたり。

どこへでも、空中《くうちゅう》ブランコでひとっとび！

おしゃれって、自分《じぶん》に魔法《まほう》をかける

ひみつの儀式《ぎしき》みたい。

〜もっとかわいくなる、おしゃれの楽《たの》しみ方《かた》〜

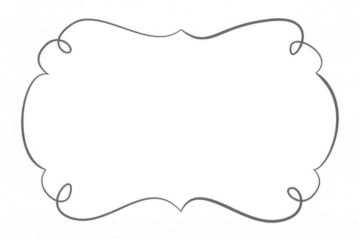

コーディネートを
グレードアップさせよう！

服《ふく》をうまく組《く》みあわせられるようになったら、
つぎはいよいよ、くつやバッグ、アクセサリーの出番《でばん》！
たとえば、定番《ていばん》のマリンスタイルも……。

カンカン帽《ぼう》と
赤《あか》いパンプスを
プラスして
ガーリー

モチーフバッグと
イエローの
くつしたで
ポップ
ベレー帽《ぼう》にタイツ
黒《くろ》い小物《こもの》を
プラスして
クール

ほら！　アイテムをプラスすることで
コーデの印象《いんしょう》をガラリとかえられるの。
ヘアアレンジやメイクも、
おしゃれを仕上《しあ》げる大事《だいじ》なポイント★
というわけで、つぎのレッスンはこちら！

コーディネートを仕上《しあ》げる7つのレッスン

LESSON 1　足元《あしもと》のおしゃれ★　くつ

LESSON 2　いつもたよりになるバディ★　バッグ

LESSON 3　仕上《しあ》げのスパイスに★　アクセサリーと小物《こもの》

LESSON 4　着《き》がえたあとのお楽《たの》しみ★　ヘアアレンジ

LESSON 5　ほんのり色《いろ》づけよう♥　メイクアップ

LESSON 6　美《うつく》しさはここから♥　姿勢《しせい》と表情《ひょうじょう》

LESSON 7　見《み》えないところも大切《たいせつ》★　きれいの習慣《しゅうかん》

LESSON 1

足元《あしもと》のおしゃれ★

くつ

くつはコーデを仕上《しあ》げる重要《じゅうよう》アイテム。
足元《あしもと》まで気《き》をぬかないのが真《しん》のおしゃれさんだよ。
まずはどんな種類《しゅるい》があるのかを、おさらいしよう。

スニーカー

底《そこ》がゴム製《せい》の運動《うんどう》ぐつ。
やわらかくて動《うご》きやすいから、
リトル・レディたちの大定番《だいていばん》★

バレエシューズ

バレリーナがはくような
ヒールのないペタンコぐつ。
かわいらしいデザインが多《おお》いよ。

パンプス

甲《こう》の部分《ぶぶん》が広《ひろ》くあいたくつ。
ガーリーコーデにぴったり！
パンツコーデをおとなっぽく
仕上《しあ》げたいときにも。

ブーツ

ショートたけから、
ロングたけまで長《なが》さも色々《いろいろ》。
デザインが豊富《ほうふ》だから、
お気《き》に入《い》りを見《み》つけてね。

レースアップシューズ

クラシカルな雰囲気《ふんいき》の
ひもであみあげたくつ。
カッチリした服《ふく》や、
ガーリーコーデの
引《ひ》きしめ役《やく》にも★

ローファー

くつひもがなく、
ぬぎはきがしやすい革製《かわせい》のくつ。
通学《つうがく》ぐつの定番《ていばん》だけど、
ワイドパンツにもぴったり！

サンダル

ガーリー、クール、スポーティーなど、
いろんなタイプの
デザインがあるよ。
くつしたをあわせるのもおすすめ★

How to

くつのえらび方《かた》

3つのルールををおさえれば、
服《ふく》とあわないくつをえらんでしまうことはなくなるよ。

ルール

1 コーデとテイストをあわせる

コーデには…
スニーカー
ブーツ
スポーツサンダル など
カジュアルなくつを
Dream 12 keep smiling
きれいめ
コーデには…
★ パンプス
★ ヒールつきサンダル
★ レースアップシューズ など
きれいめなくつを
Pretty

ビッグシルエットのスウェットに、スキニーパンツをあわせたカジュアルコーデ。足元《あしもと》はカジュアルなスニーカーでキメ。

シンプルな紺色《こんいろ》ワンピとストライプシャツのレイヤードコーデ。足元《あしもと》は紺色《こんいろ》サンダルにソックスをあわせて、グッドガール風《ふう》に。

ルール 2 くつの色《いろ》に注目《ちゅうもく》！

コーデに
をだすなら…

同系色《どうけいしょく》のくつを

ベージュのコーデには
黒《くろ》より茶色《ちゃいろ》のくつがあうよ！

コーデに**メリハリ**
をだすなら…

はで色《いろ》のくつを

シンプルコーデも、
ビビッドカラーのくつでおしゃれになる！

ルール 3 ボトムスのたけとバランスをとる

な
ボトムスには…

ブーツ　レースアップシューズ
ハイカットスニーカー など

重《おも》くボリュームのあるくつを

くつしたをあわせて
ボリュームをだすのも◎《マル》

ボリュームのある
ボトムスには…

★ バレエシューズ ★ ローファー
★ ローカットスニーカー など

軽《かる》くてシンプルなくつを

足首《あしくび》の素肌《すはだ》をチラリと
見《み》せるとバランスがいいよ

おしゃれな着《き》こなし感《かん》がだせる
ワンランクUP★MEMO

ルール1をあえて無視《むし》して、
ちがうテイストのくつを
あわせるのもありだよ。
おしゃれ上級者《じょうきゅうしゃ》になれちゃう！

ジーパンに、あえて
ガーリーなパンプスを。
一気《いっき》におとな風《ふう》。

花柄《はながら》ワンピのあまさを、
スニーカーではずして。

LESSON 2

いつもたよりになるバディ★

バッグ

バッグは、服《ふく》やくつとちがってサイズに左右《さゆう》されないから、
じつは一番《いちばん》自由《じゆう》に冒険《ぼうけん》できるアイテムなの！
リトル・レディにおすすめなのは、この10タイプだよ★

type 1 トートバッグ

シンプルなふくろ型《がた》。
じょうぶでガシガシ使《つか》える。
カジュアルコーデにぴったり。

type 2 リュックサック

収納力《しゅうのうりょく》がピカイチの
背負《せお》うタイプのバッグ。
デイリー使《づか》いの相棒《あいぼう》を
ひとつ見《み》つけたいね！

type 3 ミニバッグ

長《なが》いストラップがついた
小《ちい》さなバッグ。
コーデのポイントになる、
おしゃれの味方《みかた》！

type 4

ファーバッグ

ぬいぐるみみたいな
モコモコのバッグ。
もっているだけで
うれしくなっちゃう。

Happy

type 5

サコッシュ

ななめがけする
スポーティーなバッグ。
フランス語《ご》で「ふくろ」
という意味《いみ》なんだって。

type 6

Sweet

モチーフバッグ

おかしやフルーツ、
動物《どうぶつ》などをかたどったバッグ。
インパクト大《だい》だから
アクセサリー感覚《かんかく》で
コーデにプラス！

type 7

クラッチバッグ

持《も》ち手《て》のないバッグ。
元《もと》はドレスアップしたとき
リップやハンカチを
入《い》れるためのもの。
おとなコーデに挑戦《ちょうせん》するときに。

ウエストポーチ

こしにまいて使《つか》う小型《こがた》のバッグ。
ベルトがわりにしたり、
ななめがけしてコーデの
アクセントにしたり★

type 8

type 9

サッチェルバッグ

イギリスの伝統的《でんとうてき》な学生《がくせい》カバンが
元《もと》になった革製《かわせい》のカッチリしたバッグ。
グッドガール風《ふう》コーデにどうぞ。

カゴバッグ

type 10

竹《たけ》や籐《とう》であんだバッグ。
軽《かろ》やかな雰囲気《ふんいき》がすてき。

How to

バッグのえらび方《かた》

3つのルールをおさえれば、
バッグだってコーデの主役《しゅやく》アイテムになるよ★

ルール 1 コーデとテイストをあわせる

ガーリー

コーデには…

↓

かわいいハートのモチーフバッグ

ほかにも…

- ★ カゴバッグ
- ★ ミニリュック

ブルーのギンガムと真《ま》っ赤《か》なハートが相性《あいしょう》ぴったり！

おとなクール

コーデには…

↓

かっこいいシルバーのクラッチバッグ

ほかにも…

- ★ サッチェルバッグ
- ★ ミニバッグ

シルバーのクラッチでコーデに抜《ぬ》け感《かん》をだしちゃおう！

コーデには…

↓

動《うご》きやすいビビッドカラーのサコッシュ

ほかにも…

- ウエストポーチ
- 大《おお》きめリュック

軽《かる》い素材《そざい》のサコッシュなら、はで色《いろ》だってお手《て》のもの！

ルール 2 バッグの色《いろ》と柄《がら》に注《ちゅう》目《もく》！

バッグの色《いろ》や柄《がら》で、
コーデの印象《いんしょう》をかえることができるよ。

カラフルなコーデ
のときは、
黒《くろ》や白《しろ》のバッグを！

バッグの黒《くろ》が、
コーデのスパイスになった★

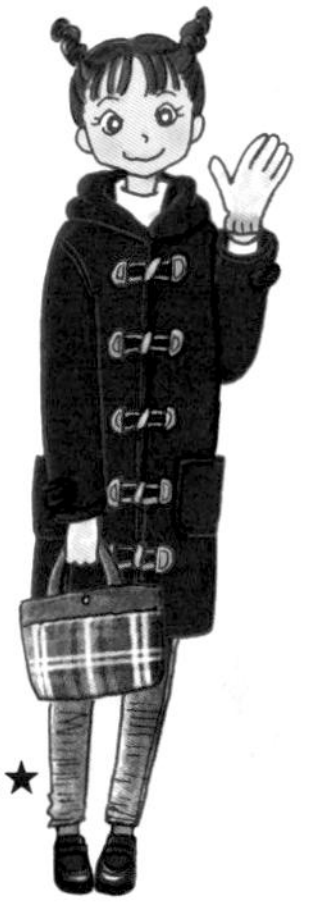

シンプルなコーデ
のときは、
バッグで
色《いろ》や柄《がら》をプラス！

無地《むじ》のコートのときは、
バッグの柄《がら》がポイントになる★

ルール 3 バッグの素材《そざい》にも注《ちゅう》目《もく》！

服《ふく》とバッグの素材《そざい》が同《おな》じだと
「やりすぎ感《かん》」がでちゃうことが
あるから要注意《ようちゅうい》。
全身《ぜんしん》のバランスを確認《かくにん》して、
コーデを引《ひ》きたて、
引《ひ》きしめるバッグをえらぼう。

NG
モコモコ
すぎて
やぼったい…

GOOD!
サッチェルバッグ
にしたら
引《ひ》きしまった！

NG
同《おな》じ素材《そざい》の
アイテムが
多《おお》すぎ…

GOOD!
ミニバッグで
バランス
よくなった！

おしゃれな着《き》こなし感《かん》がだせる ワンランクUP MEMO

Cute
candy fairy
Simple

「荷物《にもつ》が入《はい》りきらない～！」と
いうときは、エコバッグと
2個《こ》持《も》ちすればOK《オーケー》！
小《ち》さくまるめて、いつも
しのばせておきたいね。

cobu

LESSON 3

仕上《しあ》げのスパイスに★

アクセサリーと小物《こもの》

おいしい料理《りょうり》を完成《かんせい》させるスパイスみたいに、
さいごにえらぶお楽《たの》しみ♪
きょうのコーデにはどんなアクセサリーがあう？

かぶるもの

日《ひ》よけや防寒《ぼうかん》のために使《つか》えて、
かんたんにこなれ感《かん》をだせる
たのもしいアイテム。

まくもの

首元《くびもと》やあたまなどにまいて、
防寒《ぼうかん》やおしゃれに使《つか》うアイテム。
まき方《かた》もいろいろ。

アクセサリー

首《くび》にかけたり、耳《みみ》につけたり、
指《ゆび》や腕《うで》にはめたりする装身具《そうしんぐ》。
自由自在《じゆうじざい》に楽《たの》しんで！

ヘアアクセサリー

髪《かみ》にかざったり、
ヘアアレンジに使《つか》うアイテム。
コーデにあわせてえらぶのも楽《たの》しい。

つけるもの

ほかにもときめく
ファッションアイテムがたくさん。
おしゃれの可能性《かのうせい》は無限大《むげんだい》！

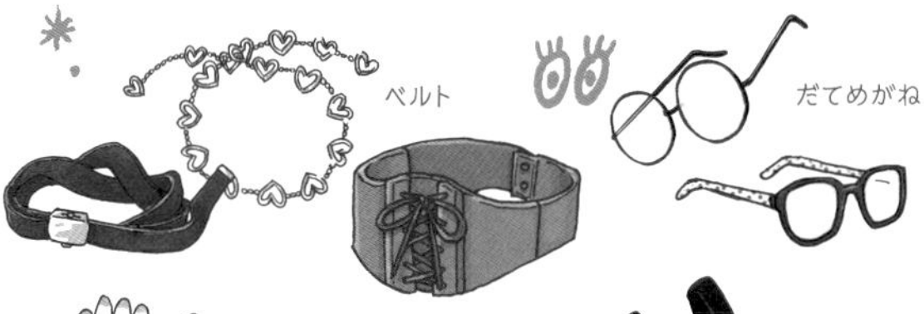

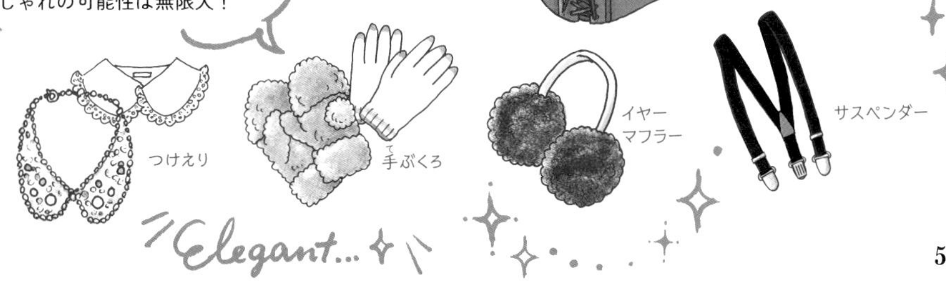

LESSON 4

着《き》がえたあとのお楽《たの》しみ★

ヘアアレンジ

コーデにあわせてヘアアレンジをすると、
もっとおしゃれを楽《たの》しめるよ♪
なりたいイメージを思《おも》いうかべて、チャレンジ！

グッドガールな
コーデを、
ロマンティック
にしたいな…。

きょうのコーデは、
髪《かみ》をおろすと
重《おも》たく
見《み》えるから…。

Change!

サイドの髪《かみ》をあみこんで、
おだんごヘア
にしたよ!

point★

ルーズなまとめ髪《がみ》は、
おろしているときよりも、
おひめさまっぽい
印象《いんしょう》になるよ♪

ポップな

にしたよ!

カジュアルな
オーバーオールも、
ポコポコ
ヘアアレンジで
物語《ものがたり》の主人公《しゅじんこう》に♪

Hair-Style Catalog

セミロング

arrange 1

ガーリー

サイドをのこし、
耳《みみ》の下《した》でひとつ
結《むす》びにすると◎《マル》

\ check! /

結《むす》び目《め》の位置《いち》が
低《ひく》いほど、おとな
っぽい印象《いんしょう》に★

arrange 2

ポップ

くるくる
ツインテール
で元気《げんき》に

\ check! /

ヘアピンを多《おお》めに
プラスして、カラ
フルに！

arrange 3

クール

前髪《まえがみ》ふんわり
ポンパドールで
さわやかに

\ check! /

思《おも》いきっておでこ
をだそう。すっき
りして見《み》えるよ

arrange 4

ベーシック

クラシカルな
おさげはゆるめに
するとグッド

\ check! /

指《ゆび》で内側《うちがわ》の髪《かみ》を
引《ひ》きだしてゆるめ
るのがコツ

Hair-Style Catalog

ロング

arrange 1
ガーリー
三《み》つ編《あ》み
ハーフアップで
おひめさま
check!
リボンの色《いろ》は、
トップスとあわ
せてね

arrange 2
ポップ
ポコポコヘアで、
はなやかさを
プラス！
check!
カラフルなヘア
ゴムでバランス
よくまとめて

arrange 3
クール
おだんごふたつで、
キリッと
ツノヘアに
check!
おだんごもきっ
ちりまとめると
クールスタイルに

arrange 4
ベーシック
いつもの
ポニーテールは
永遠《えいえん》の味方《みかた》
check!
ざっくり手《て》ぐし
でまとめるとお
しゃれ★

Hair-Style Catalog

ショート

arrange 1

ガーリー

さりげない
ゆるい編《あ》みこみで
やさしさUP《アップ》

check!

前髪《まえがみ》をアレンジすると、すぐに表情《ひょうじょう》をかえられる！

arrange 2

ポップ

ワイヤー
カチューシャで
遊《あそ》び心《ごころ》を

check!

サイドの前髪《まえがみ》をルーズに引《ひ》きだそう

arrange 3

クール

サイドを
ピンでとめて
スッキリ！

check!

カラフルなピンをえらんで印象《いんしょう》をかえてもいいね

arrange 4

ベーシック

スタイリング剤《ざい》で、
ボリュームをだして
くせっけ風《ふう》に

check!

ワックスをもみこんで毛先《けさき》に動《うご》きをだそう

LESSON 5

ほんのり色《いろ》づけよう♥

メイクアップ

とくべつな日《ひ》や、おでかけのときは、
ほんのり色《いろ》づく、リトル・レディメイクに挑戦《ちょうせん》してみよう。
新《あたら》しい自分《じぶん》を発見《はっけん》できるよ★

はじめてのメイクレッスン♫♩

整《ととの》えるだけで、

顔《かお》の印象《いんしょう》を一番《いちばん》かえるのは、
じつはまゆの形《かたち》なの！
まずは、まゆ用《よう》コームやブラシで
毛《け》の流《なが》れを整《ととの》えよう。
まゆがうすい人《ひと》は、アイブロウを使《つか》って
足《た》りない部分《ぶぶん》をかきたしてね。

チーク

なりたいのは、おふろあがりの

ふんわりほっぺ♪

色白《いろじろ》さんはピンク系《けい》、
小麦色《こむぎいろ》さんにはオレンジがかった
色《いろ》がにあうよ。
かがみを見《み》ながらにっこりわらい、
プクッと高《たか》くなった部分《ぶぶん》に
ポンポンとふんわりのせてみてね。

リップ

ひとぬりで

世界《せかい》がときめく！

リトル・レディのリップメイクは、
くちびるに色《いろ》をやさしくおいて、
指《ゆび》で左右《さゆう》にぼかすのが◎《マル》。
つやつやさせたいときは
リップグロスをオン。
くちびるの真《ま》ん中《なか》にのせて立体感《りったいかん》を
だせば、ぷっくり感《かん》もアップするよ。

目《め》に入《はい》るたび

ネイルに挑戦《ちょうせん》するなら、
日《ひ》ごろから、ハンドクリームで
デイリーケアをしてね。
マニキュアをぬるときは、
つめの根元《ねもと》から先端《せんたん》にむかって
「一気《いっき》にすばやく」がポイント。
２色《しょく》を交互《こうご》にぬるのもかわいいよ。

肌《はだ》あれに、気《き》をつけて！

CHECK ❶

顔《かお》の皮《ひ》ふはうすくてデリケート。もともと肌《はだ》が敏感《びんかん》な人《ひと》は、かならずおうちの人《ひと》に相談《そうだん》してから少《すこ》しずつトライしよう。

CHECK ❷

メイクはかならず、ねる前《まえ》に専用《せんよう》のクレンジング剤《ざい》でしっかりおとしてね。ネイルも除光液《じょこうえき》を使《つか》ってオフするのをわすれずに。

LESSON 6

美《うつく》しさはここから♥

姿勢《しせい》と表情《ひょうじょう》

コーデがばっちりでも、
背中《せなか》をまるめて、くらーい顔《かお》で歩《ある》いていたらだいなし！
今《いま》すぐできる、究極《きゅうきょく》のおしゃれだよ★

正《ただ》しい姿勢《しせい》をおぼえよう

1. 首《くび》をたてて、アゴを軽《かる》く引《ひ》く。
2. 肩甲骨《けんこうこつ》を中央《ちゅうおう》によせてむねをはり、フーッとため息《いき》をついて肩《かた》の力《ちから》をぬく。
3. おへそのあたりに力《ちから》を入《い》れ、タテにのばすように背《せ》すじをのばして。
4. 仕上《しあ》げに、おしりのあなをキュッとしめる。
5. かかとはつけて、つまさきはややひらく。足《あし》のうらに大地《だいち》を感《かん》じて！

MEMO

この姿勢をキープしつづけるのは、さいしょはなかなかむずかしいので、まずは電車やバスを待っているときにやってみてね。

美《うつく》しい歩《ある》き方《かた》

1 足元《あしもと》を見《み》ずに、ななめ上《うえ》を見《み》る。

2 足《あし》はまっすぐ前《まえ》にだし、
ひざは曲《ま》げない！

3 かかとから着地《ちゃくち》して、
つま先《さき》でしっかり地面《じめん》をける。

3
おへそから
足《あし》がはえていると
想像《そうぞう》してみて！
一本《いっぽん》の線《せん》の上《うえ》を
はずれないように歩《ある》く
イメージをもつと、
モデルさんみたいで
かっこいいよ！
Beautiful!

仕上《しあ》げは笑顔《えがお》

Smile

表情《ひょうじょう》ゆたかで笑顔《えがお》がかわいい人《ひと》は、それだけでとっても魅力的《みりょくてき》！
大切《たいせつ》なのは「心《こころ》をときはなつこと」だよ。
自分《じぶん》のきもちをすなおに表現《ひょうげん》することをこわがらないで。
他《ほか》の人《ひと》のペースにあわせようとして、むりをしすぎないで。
だいじょうぶ、あなたはありのままでとってもかわいいから！

LESSON 7

見《み》えないところも大切《たいせつ》★

きれいの習《しゅう》慣《かん》

リトル・レディの美《うつく》しさは、自分《じぶん》の心《こころ》や体《からだ》、
まわりの人《ひと》やものを大切《たいせつ》に思《おも》うことからみがかれていくよ。
おしゃれは一日《いちにち》にしてならず。毎日少《まいにちすこ》しずつ、すてきなレディになろう。

お気《き》に入《い》りの服《ふく》は、大切《たいせつ》にケア

いつもかつやくしてくれるお洋服《ようふく》のお世話《せわ》は、ぜひ自分《じぶん》で！
しみやよごれがついたときは部分《ぶぶん》あらいをして、
きれいをキープしよう。
引《ひ》きだしにしまうときも、ギューッとつめこまないで、
空気《くうき》をふくむようにふんわりたたんで、
ゆったり休《やす》ませてね。
しわになりやすいシャツやワンピース、
長《なが》めのボトムスは、**ハンガーにかけてしまうと**◎《マル》だよ。

「先《さき》っぽ」まで気《き》をつかおう

指《ゆび》の先《さき》っぽ

つめは、**長《なが》くのびていると不衛生《ふえいせい》**に見《み》えるから要注意《ようちゅうい》。

足《あし》の先《さき》っぽ

くつのケアもわすれずに。週末《しゅうまつ》は、**いつもはいているくつがよごれていないか**チェックして。

髪《かみ》の先《さき》っぽ

ブラッシングは念入《ねんい》りに。
とくにロングヘアの人《ひと》は、髪《かみ》をとかすときにかならず、
からみやすい毛先《けさき》からはじめてね。

いい香《かお》りを味方《みかた》につけて★

お気《き》に入《い》りのシャンプーやハンドクリーム、ボディクリーム……。
いい香《かお》りを身《み》にまとうと、ふしぎと背《せ》すじがのびて、
前向《まえむ》きな気分《きぶん》になれるよ。
学校《がっこう》が休《やす》みの日《ひ》には、**練《ね》り香水《こうすい》を耳《みみ》たぶのうしろに**
ちょっとつけてみたり、**ハンカチや下着《したぎ》の引《ひ》きだしに、**
いい香《かお》りの石《せっ》けんをしのばせてみたり。
ほんのり香《かお》りがうつって、使《つか》うときに気持《きも》ちがいいんだ。
いい香《かお》りを味方《みかた》につけると、心《こころ》も明《あか》るくなるよ。

深呼吸《しんこきゅう》のおまじない

ついカッとなって言《い》い返《かえ》したくなるとき。
「もうどうでもいいや！」って投《な》げやりになってしまうとき。
そういうときはすぐに発言《はつげん》・行動《こうどう》しないで、６秒間《びょうかん》まってみよう。
１から６まで数《かぞ》えたら、**深呼吸《しんこきゅう》をひとつ**。「ふう～」
なんだかおまじないみたいだけれど、
これは、**自分《じぶん》の心《こころ》をコントロールする方法《ほうほう》のひとつ**なの。
深呼吸《しんこきゅう》するときは一回《いっかい》ぜんぶ息《いき》をはいてから、
新《あたら》しい空気《くうき》をむねいっぱいにすいこみ、
それから「ふう～」っとぜ～んぶはきだしてみて。
ほら……さっきのイライラ、すこし軽《かる》くなったでしょ？

「きれい」のために、ねむりひめになろう

肌《はだ》や髪《かみ》の細胞《さいぼう》が新《あたら》しく生《う》まれかわったり、
体《からだ》が女《おんな》の子《こ》らしく成長《せいちょう》したり……。
じつはね、**「きれい」がつくられるのって、ぜんぶねているあいだ**なの！
だから夜《よ》ふかしで、すいみん時間《じかん》をへらしちゃうのは、もったいないよ。
それに、ねる直前《ちょくぜん》までパソコンやスマホの画面《がめん》を見《み》ていると、
脳《のう》が興奮状態《こうふんじょうたい》になって、**ねつきがわるくなっちゃう**。
夜《よる》は読書《どくしょ》や音楽《おんがく》を楽《たの》しんで、
ねむりひめのように朝《あさ》までぐっすりねむれば、
「きれい」がぐんぐん育《そだ》っていくよ♥

心《こころ》の「きれい」をみがこう

「きれい」は外見《がいけん》だけじゃない。
心《こころ》の中《なか》からにじみでてくるものなんだ。
「おはよう」「こんにちは」「ありがとう」「ごめんね」って、
毎日心《まいにちこころ》からきちんといえる人《ひと》は、それだけですてきだよ。
すきなものはみんなちがうし、感《かん》じ方《かた》もちがうから、
まわりの人《ひと》の色《いろ》とりどりな心《こころ》も、
自分《じぶん》の心《こころ》と同《おな》じように**尊重《そんちょう》すること**をわすれないで。
迷《まよ》ったりモヤモヤするときは、**日記《にっき》を書《か》く**といいよ。
自分《じぶん》の中《なか》の小《ちい》さな「わたし」にむきあって気持《きも》ちを整理《せいり》すると、
心《こころ》の中《なか》の雲《くも》が晴《は》れていくから。
いいときも、わるいときも、毎日《まいにち》すなおに心《こころ》を動《うご》かして！

12歳《さい》、はじめてのおしゃれ。

わたし、ただいま、おしゃれの研究中《けんきゅうちゅう》。

とってもしんけん！

テレビや映画《えいが》、街《まち》で見《み》かけた
かわいいコーディネートは、
すかさずメモ。

雑誌《ざっし》で見《み》つけた、
お気《き》に入《い》りのアイテムは
はさみで切《き》りとって……

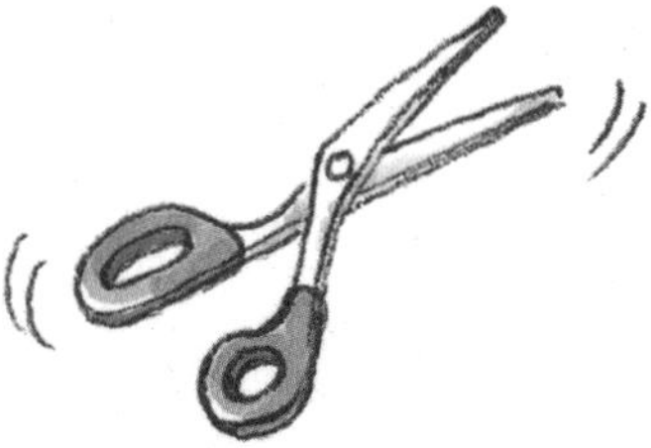

ジャーン！　スクラップブックにはってるの。

名《な》づけて、わたしの「おしゃれノート」

すきなアイテムやモデルさんを
集《あつ》めてる。かわいいものがいっぱいで、
見《み》るたびときめき♡

ほしいものメモ。
これがあると買《か》い物《もの》にいくとき便利《べんり》だよ。
新《あたら》しい服《ふく》を買《か》ってもらったけど、
あわせるアイテムがない……なんて
ヒゲキにもサラバ！

もってるアイテムリスト。
これを見《み》ながらあれこれ
コーデを考《かんが》えるのも楽《たの》しい♡

やってみたいコーデを
思《おも》いついたら絵《え》を
かいておくの。

じつはね、

おしゃれのことをしんけんに考《かんが》えはじめてから、

新《あたら》しい自分《じぶん》を発見《はっけん》したの。

今《いま》まではお母《かあ》さんが
えらんだ服《ふく》を
着《き》てたけど……

こんなふうに
明《あか》るい色《いろ》のほうが、
ときめく！

きっと、
お母《かあ》さんが
思《おも》ってるよりも……

わたしって
元気《げんき》な女《おんな》の子《こ》
なんだと思《おも》う。

これからも、いろんなおしゃれに挑戦《ちょうせん》して、

まだ知《し》らないわたしに出会《であ》えたらいいな！

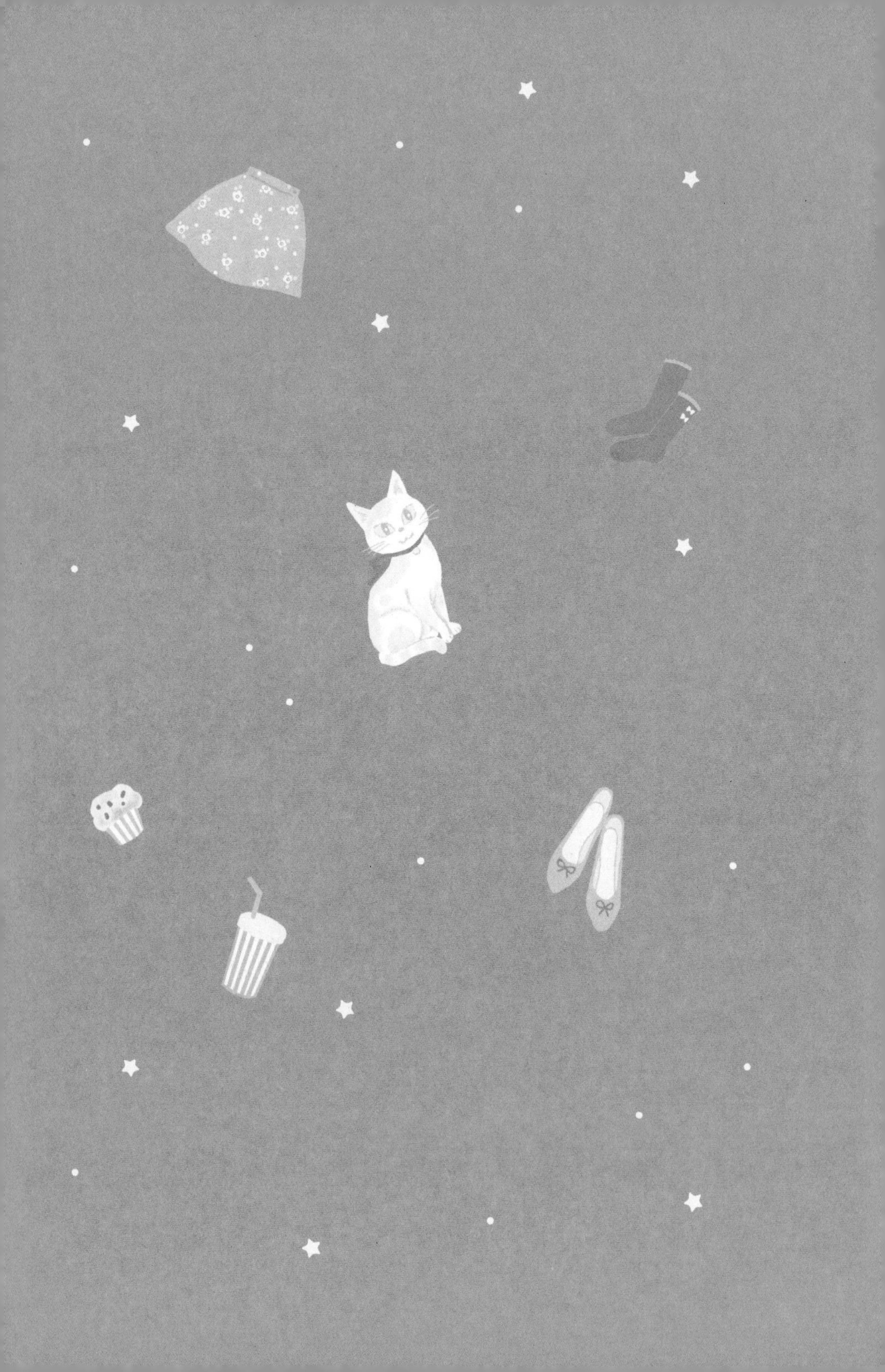

My Very First
Book on Fashion

3 章《しょう》

12 歳《さい》のワードローブ

～「なりたいわたし」になるためのレッスン～

「なりたいわたし」を見《み》つけよう！

コーディネートの組《く》み方《かた》・仕上《しあ》げ方《かた》をマスターしたら、
つぎはいよいよ、あなたのおしゃれをさがすレッスン。

ポイントは2つ。

❶「なりたいわたし」をしっかりイメージすること

❷ ❶のイメージをかなえるワードローブ*をそろえること

まずは「なりたいわたし」のイメージを
具体的《ぐたいてき》に想像《そうぞう》してみよう。
右《みぎ》ページの基本《きほん》の4大《だい》ファッションテイストから、
なりたいイメージに一番近《いちばんちか》い子《こ》をえらんでね。

それぞれのテイストにぴったりのワードローブを見《み》つける
ためには、お買《か》い物上手《ものじょうず》になることもすごく大事《だいじ》！
少《すこ》しずつ「なりたいわたし」に近《ちか》づいていこう★

*ワードローブ＝クローゼットにある
手持《ても》ちの服《ふく》やアイテムのこと

Are you ready?

基本《きほん》の4大《だい》ファッションテイスト

なりたいイメージに一番近《いちばんちか》いのはどれ？
MIX《ミックス》するのもありなんだよ！

Girly
ガーリー
ふんわりあまい
おかしみたいな
夢見《ゆめみ》るガール
クール
かわいいよりも
カッコいいがすき。
キリリとした
おとなっぽガール
pop
ポップ
くるくるかわる
表情《ひょうじょう》がミリョク！
おひさまみたいな
ハッピーガール
basic
ベーシック
定番《ていばん》アイテム
LOVE《ラブ》♥
いつだって凛《りん》とした
リトル・レディ

Close up!

ガーリーテイストのつくり方《かた》

ガーリーコーデは……

シルエットがカギ！

ガーリーなシルエットはこちら

A《エー》ライン　と　X《エックス》ライン

- トップスはコンパクトに、ボトムスにボリュームを。
- スカートをふんわり広《ひろ》げると一気《いっき》におひめさま気分《きぶん》。
- 細《ほそ》いベルトやリボンでウエストマークすると、女《おんな》の子《こ》らしさが強調《きょうちょう》される。

ガーリーな色《いろ》

＼＼ パステルカラー！ ／／

ベビーピンク　白《しろ》　ライトブルー　ラベンダー　レモンイエロー　ミントグリーン

ガーリーな柄《がら》

ギンガムチェック　花柄《はながら》　小《ちい》さいドット

ガーリーに見《み》せるコツ

レースやフリルのあしらいがあるデザインをえらんで！

ガーリー★ワードローブ

カンカン帽《ぼう》
つけえり
シフォンのブラウス
お花《はな》のネックレス
ビジューイヤリング
ファーつきコート
フリルのスカート
ギンガムチェック柄《がら》のトップス
花柄《はながら》のワンピース
ドット柄《がら》のタイトスカート
レモンイエローのカーディガン
ファーバッグ
ウェッジソールのお花《はな》サンダル
厚底《あつぞこ》リボンパンプス
リボンバッグ

GIRLY STYLE

ガーリースタイル見本《みほん》

春《はる》・夏《なつ》コーデ

X《エックス》シルエットでつくった好感《こうかん》度《ど》大《だい》なあこがれガール★

秋《あき》・冬《ふゆ》コーデ

パステルカラーに花柄《はながら》、リボンやフリルであまさいっぱい♥

おとな コーデ

いつものガーリーを
トレンチコートで
おとなっぽく♥

MIX《ミックス》 コーデ

パステルカラーに
小物《こもの》で黒《くろ》をきかせた
ガーリー&《アンド》クールMIX《ミックス》

Close up!

クールテイストのつくり方《かた》

クールコーデは……

黒《くろ》の使《つか》い方《かた》がカギ！

1 モノトーン（黒《くろ》×白《しろ》）はクールの味方《みかた》

2 全身黒《ぜんしんくろ》もカッコいい

3 濃《こ》い色《いろ》を黒《くろ》と組《く》みあわせて

クールな色《いろ》

黒《くろ》　白《しろ》　チャコールグレー　青《あお》　むらさき　赤《あか》　カーキ

クールな柄《がら》

アニマル　迷彩《めいさい》　ペイズリー

クールに見《み》せるコツ

全身《ぜんしん》のシルエットをタイトなI《アイ》ラインにまとめると◎《マル》

クール★ワードローブ

パナマ帽《ぼう》
サングラス
黒《くろ》いベルト
ビッグイヤリング
シルバーネックレス
迷彩柄《めいさいがら》のミニスカート
フェイクレザーバッグ
ライダースジャケット
あみあげブーツ
BE COOL
ビッグサイズ
T《ティー》シャツ
ロックT《ティー》シャツ
チェック柄《がら》のネルシャツ
はで色《いろ》
スニーカー
リブのパンツ
クリアバッグ
古着《ふるぎ》のパーカ

クールスタイル見本《みほん》

春《はる》・夏《なつ》コーデ

たて長《なが》のI《アイ》ライン
シルエットで、
スタイルアップ！

アニマル柄《がら》
をプラス

ワンピをベルトで
ブラウジング

黒《くろ》のフルレングス
リブパンツ

秋《あき》・冬《ふゆ》コーデ

黒《くろ》ベースのコーデに
赤《あか》をきかせた
やんちゃな
ロックスタイル！

レコード柄《がら》の
ロックT《ティー》シャツ

ちょっぴり
背《せ》のびなライダース
ジャケット

ブラックデニムの
スカート

MIX《ミックス》コーデ

クールなパーカと
アウターに
デニムをあわせて
ベーシックMIX《ミックス》に！

おとなコーデ

あこがれの
セットアップを
おとな小物《こもの》でドレス
アップ★

ビッグシルエットが男《おとこ》の子《こ》っぽくてクール！
カジュアルなデニムパンツ
足元《あしもと》はベーシックな白《しろ》スニーカーで

サングラスをアクセサリーがわりに
差《さ》し色《いろ》のイエローエコバッグ
ヒールサンダルでおとな気分《きぶん》♪

Close up!

ポップテイストのつくり方《かた》

ポップコーデは……

色《いろ》がカギ！

ネオンカラーを取《と》り入《い》れるとたちまちポップになる！

反対色《はんたいしょく》をあわせよう！

カラーサークルで正反対《せいはんたい》にある色のことを「反対色《はんたいしょく》（補色《ほしょく》）」というよ。この組《く》みあわせにするとメリハリのあるポップコーデに！

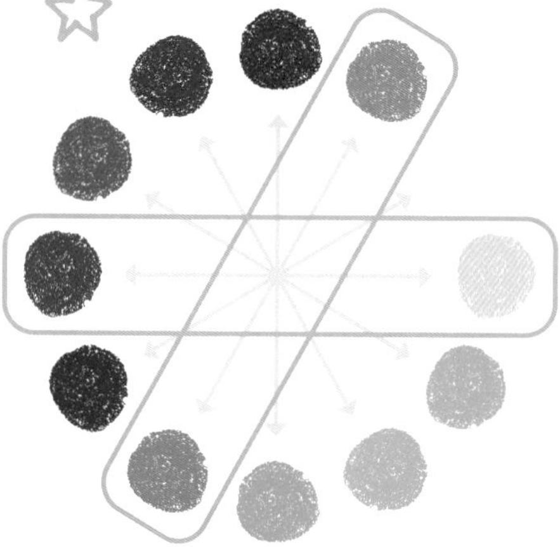

ポップな柄《がら》

マルチボーダー

星《ほし》

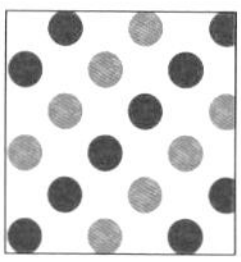
大《おお》きめのドット

ポップに見《み》せるコツ

丈《たけ》の短《みじか》いボトムスをえらんで軽快《けいかい》に！

ポップ★ワードローブ

はで色《いろ》ビーニー
ハート型《がた》のサングラス
cobu
ウエストポーチ
ラインソックス
デニムのショートパンツ
Smile
DREAM
キャップ
12
マルチボーダー柄《がら》のT《ティー》シャツ
星《ほし》のイヤリング
ヘアピン
スタジャン
デカリュック
D EAM
TWE VE
T《ティー》シャツワンピース
白《しろ》いリブタンクトップ
ライン入《い》りスカート
ロングT《ティー》シャツ
ごきげんスニーカー
ネオンカラーの厚底《あつぞこ》サンダル

POP STYLE

ポップスタイル見本《みほん》

春《はる》・夏《なつ》 コーデ

ネオンカラーを上下《じょうげ》でリンクさせて、柄《がら》×柄《がら》に挑戦《ちょうせん》！

秋《あき》・冬《ふゆ》 コーデ

ビタミンカラーをバランスよくあわせて王道《おうどう》ポップに

おとなコーデ

ポップカラーを
フラッグチェックの
モノトーンで
引《ひ》きしめて★

MIX《ミックス》コーデ

スポーツテイストを
プラスした
ポップ&《アンド》ガーリーMIX《ミックス》

ビーニーは
グリーンをチョイス。
トップスの
反対色《はんたいしょく》だよ!
テイストMIX《ミックス》の
トップス。
フリルがポイント!
Dream Twelve
黒《くろ》×星《ほし》の
バッグ
フラッグチェック
柄《がら》のキュロット
フューシャ
ピンクの
ラインスカート
厚底《あつぞこ》サンダルで
ポップカラーを
プラス!

Close up!

ベーシックテイストのつくり方《かた》

ベーシックコーデは……

定番《ていばん》アイテムがかぎ！

ずっとかわらず、昔《むかし》からあるもの……

- ダッフルコート
- ピーコート
- G《ジー》ジャン
- ボタンダウンシャツ
- デニムパンツ
- トートバッグ
- ローファー
- スニーカー

などをシンプルに着《き》こなすのがベーシック★

具体的《ぐたいてき》には……

- 色《いろ》をたくさん使《つか》わない
- スクールっぽく見《み》せる
- 体《からだ》のラインをださず ストンと着《き》る

ベーシックな色《いろ》

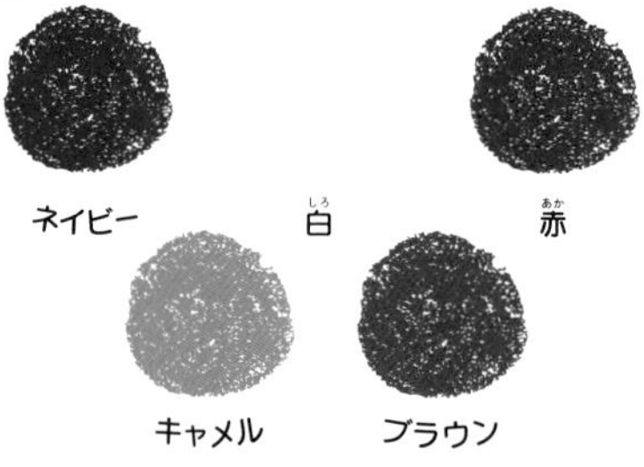

ベーシックな柄《がら》

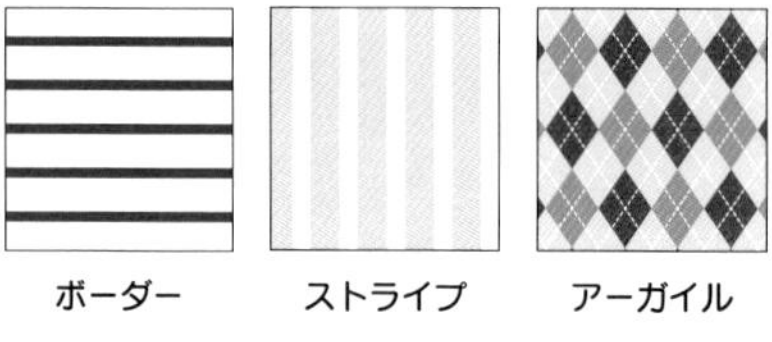

ベーシックに見《み》せるコツ

コーデがシンプルだからこそ、
天然素材《てんねんそざい》にこだわって！

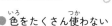

ベーシック★ワードローブ

G《ジー》ジャン
キャスケット
タータンチェック柄《がら》のスカート
バングル
パールのネックレス
トートバッグ
ダッフルコート
V《ブイ》ネックのセーター
ニットワンピース
サッチェルバッグ
ボーダーのカットソー
What a splendid day!
ハイカットスニーカー
チェック柄《がら》のストール
デニムパンツ
レタードT《ティー》シャツ
ビットつきローファー

BASIC STYLE

ベーシックスタイル見本《みほん》

春《はる》・夏《なつ》コーデ

ボーダーと
ジャンパースカートの
色《いろ》をリンクさせた
シンプルスタイル！

秋《あき》・冬《ふゆ》コーデ

イギリスの
女《おんな》の子《こ》がお手本《てほん》！
冬《ふゆ》のトラッドスタイル

MIX《ミックス》コーデ

ビビッドなピンクや
青《あお》をきかせて
ベーシックに
ポップさをプラス！

バンダナは
かわいいピンクを
チョイス！
G《ジー》ジャンで
ベーシックに
まとめたよ
スカートは
青《あお》×ピンクの
プリーツに！

おとなコーデ

白T《しろティー》にネイビーの
パンツをあわせて
おとなマリンに

キャスケットで
マリンコーデを
仕上《しあ》げて！
What a
splendid
day!
ビーズバッグで
遊《あそ》び心《こころ》を
パンプスは
おとなな
マスタードカラー★

失敗《しっぱい》しないお買《か》い物《もの》のコツ

「なりたいわたし」をかなえるワードローブをそろえるために、お買《か》い物《もの》上手《じょうず》になろう！　お店《みせ》でなやんで「結局《けっきょく》なんにも買《か》えなかった……」とならないようにしっかり準備《じゅんび》をしていこうね。

その1　ウィッシュ*リストをつくる

＊ウィッシュ＝英語《えいご》で「願《ねが》い」という意味《いみ》だよ。

「なりたいわたし」のイメージ図《ず》をこんなふうにノートに書《か》いてみよう。

Little Story《リトル ストーリー》「おしゃれノート」も参考《さんこう》にしてね★

なりたいわたし
ウィッシュ☆リスト
なりたいイメージ
ガーリー ときどき ポップ!
・ふんわりかわいいわたしになる
やってみたいコーデ
☆X《エックス》シルエットのスクールコーデ
☆ふんわりスカートコーデ
☆ガーリー&ポップコーデ

つぎは、お買《か》い物《もの》にそなえて作戦会議《さくせんかいぎ》！
自分《じぶん》のワードローブに、どんなアイテムが加《くわ》わると
「なりたいわたし」に近《ちか》づけるのか考《かんが》えてみて。

毎日《まいにち》でも着《き》たいかわいいデザインのショートパンツがあれば……
きれいな色《いろ》をプラスしたいな
WISH LIST
ボトムス
トップス
その他《た》

クローゼットの中《なか》の服《ふく》を全部《ぜんぶ》だして、種類別《しゅるいべつ》にならべてみるとわかりやすいよ。

プラスしたいアイテムがきまったら、
お店《みせ》にいくときにもっていく
ほしいもののリストをつくろう。

ほしいもののリスト
・ガーリーなショートパンツ（学校に着ていけるもの）
・きれいな色のパーカ
・ガーリーなデザインのトップス
・かわいい色のスニーカー
あこがれアイテム
ふんわりチュールスカート（ピンクか白）

これでお買《か》い物《もの》の準備《じゅんび》はバッチリ！

その2「なりたいわたし」を発《はっ》表《ぴょう》する！

新《あたら》しい服《ふく》やアイテムは、おうちの人《ひと》に買《か》ってもらうことが多《おお》いよね？そこで……「わたしのなりたいイメージはこれ。だから、こんなおしゃれがしたい！」と、考《かんが》えていることをおとなに発表《はっぴょう》してみよう！
これは、おうちの人《ひと》といっしょにおしゃれを楽《たの》しんじゃおうという作戦《さくせん》。おとなを味方《みかた》につけたら、お買《か》い物《もの》もしやすいし、いっしょにおしゃれ力《りょく》をみがくこともできてすてきだよ。「ウィッシュリスト」と「ほしいものリスト」を見《み》せて、アドバイスをもらうのもいいね。

その3 なりたいイメージを意《い》識《しき》して、いざお買《か》い物《もの》!

お店《みせ》でアイテムをえらぶときは、「なりたいわたし」をかなえてくれるデザインかどうかを、しっかり見《み》きわめよう。
注目《ちゅうもく》したいのは、色《いろ》、素材《そざい》、そしてシルエット。なんとなくえらばずに、頭《あたま》の中《なか》になりたいイメージをしっかり思《おも》いうかべながら吟味《ぎんみ》してね。
テイストのディテール*がでやすい首《くび》まわり、そで、すそはわすれずにデザインをチェックして。

*ディテール＝細《こま》かい部分《ぶぶん》

GIRLY
ガーリーなら
ふんわりキュロットタイプ
すそにフリル
COOL
クールなら
ブラックデニム
タイトなシルエット
たとえば
学校《がっこう》に着《き》ていけるデニムのショートパンツをえらぶとき
BASIC
ベーシックなら
たっぷりした形《かたち》
すそダブルのおりかえし
POP
ポップなら
ワッペンつき
丈《たけ》が短《みじか》いものを

その 4 試着《しちゃく》はマスト！

サイズは2つ試《ため》そう

サイズがあっていないとそれだけでダサく見《み》えちゃうことも。リトル・レディには「すこ〜し小《ちい》さいかな？」というくらいのサイズがスタイルよく見《み》えるよ。あえて大《おお》きめを着《き》るおしゃれもあるけれど、その場合《ばあい》はだらしない印象《いんしょう》にならないよう、バランスに気《き》をつけてね！

顔色《かおいろ》がくすんで見《み》えないかチェック

トップスは、自分《じぶん》の肌《はだ》が明《あか》るく見《み》える色《いろ》をえらんでね。ライトグレーは顔色《かおいろ》がくすみがちだから要注意《ようちゅうい》。ベーシックカラーだし、あわせやすいからえらぶ人《ひと》が多《おお》いけど、じつはリトル・レディには着《き》こなすのがむずかしい色《いろ》なの。思《おも》いきって、はっきりした色《いろ》を試《ため》してみるといいよ。

コーデ力《りょく》をUP《アップ》させたいなら、
自分《じぶん》の体型《たいけい》や顔《かお》のテイストを
よく知《し》ることも大事《だいじ》。
自分《じぶん》とむきあって、
「どんな色《いろ》だと顔色《かおいろ》が明《あか》るく見《み》えるかな」
「どんな柄《がら》がにあうのかな」などを
じっくり研究《けんきゅう》してみて！

Little Story《リトル・ストーリー》

カラフルハート

春《はる》。

新《あたら》しい教室《きょうしつ》、新《あたら》しい教科書《きょうかしょ》、新《あたら》しい友《とも》だち。

ドキドキであふれそうな、

さくらいろのハート。

夏《なつ》。

入道雲《にゅうどうぐも》と青《あお》い空《そら》。

太陽《たいよう》の光《ひかり》にキラキラはずむ、無敵《むてき》なハート。

秋《あき》。

なにもかもうまくいかなくて、

ずぶぬれのハート。

こんな日《ひ》もあるよね。

冬《ふゆ》。

すみきった夜空《よぞら》にかがやくオリオン座《ざ》。

世界《せかい》にひとりぼっちでいるような、

そんな気持《きも》ちになるときだってある。

だけど、知《し》ってる。

いつだって、ひとりぼっちじゃない。

わらったり、ないたり、どんなときも。

いつも、わたしを

つつんでくれてありがとう。

あしたもあさっても、よろしくね！

My Very First
Book on Fashion

4章《しょう》

12歳《さい》の
スタイル・コレクション

～リトル・レディのすてきな365日《にち》～

12歳《さい》は、一度《いちど》だけ。

毎日《まいにち》、心《こころ》がちがう色《いろ》でそまる。
きらめく心《こころ》。ゆれる心《こころ》。はずむ心《こころ》。
春《はる》、夏《なつ》、秋《あき》、冬《ふゆ》、うつりゆく季節《きせつ》とともに。

この日々《ひび》は今《いま》、このときだけ。
一度《いちど》しかない12歳《さい》の日々《ひび》を、
あなたならどんなコーディネートですごす？

29人《にん》のリトル・レディがおくる、
とっておきのスタイルコレクション★

Little Lady's

はるか、12歳《さい》。
ふいに花《はな》びらがふって、足《あし》をとめた。
春《はる》のにおいをすいこんで
思《おも》わずスキップ。
背中《せなか》のランドセルが
カタカタわらう。

主役《しゅやく》アイテム

ツイードのスカート

コーデのポイント

シャツと水色《みずいろ》のセーターをあわせて
優等生風《ゆうとうせいふう》。パステルカラーコーデを、
ネイビーのリボンとキャメル色《いろ》の
ランドセルで引《ひ》きしめて。
（ガーリー／A《エー》シルエット）

Little Lady's STYLE COLLECTION 2

主役《しゅやく》アイテム

ショートパンツ

コーデのポイント

黒《くろ》T《ティー》シャツ、スニーカーをあわせて、デニムのかっこよさを引《ひ》きたてたよ。チェックのシャツを同系色《どうけいしょく》にすればシンプルにまとまる！

（クール／I《アイ》シルエット）

主役《しゅやく》アイテム

デニムのキュロット

コーデのポイント

このデニム、気《き》に入《い》ってるのはフリルがいっぱいなところ！　かわいさを引《ひ》きたてるために上半身《じょうはんしん》もガーリーにまとめたよ。

（ガーリー／A《エー》シルエット）

ユウとミヅキ。タイプのちがうわたしたち。
最近急《さいきんきゅう》に仲良《なかよ》くなってみんなふしぎがってる。
でも、ちがうって楽《たの》しいよ。
背中《せなか》ごしに、新《あたら》しい世界《せかい》をのぞけるもの。

主役《しゅやく》アイテム

パーカとスカートの
セットアップ

コーデのポイント

定番《ていばん》のスウェットアイテムも、セットアップならおしゃれに着《き》こなせる。グリーンのT《ティー》シャツをグレーコーデの差《さ》し色《いろ》にして。
（クール&《アンド》ポップ／Y《ワイ》シルエット）

アンナ、12歳《さい》。バスケ部《ぶ》キャプテン。
人気者《にんきもの》だけど、ひとりでいるのもじつはすき。
そんなアンナを知《し》っているのは
ボスねこのミーゴだけ。

Little Lady's
STYLE COLLECTION

Little Lady's STYLE COLLECTION 4

エレナ、12歳《さい》。春《はる》のおでかけはウキウキ。
ほんのり色《いろ》づいたリップ。ピンク色《いろ》のほっぺ。
ショーウインドーにうつるわたしを
横目《よこめ》で見《み》たら、うん、なかなかいい感《かん》じ。

主役《しゅやく》アイテム

トレンチスカート

コーデのポイント

おとな気分《きぶん》の日《ひ》には、ボリュームのあるスカートをチョイス。すっきり見《み》えるようにレースのハイネックトップスをイン！
（ガーリー／A《エー》シルエット）

主役《しゅやく》アイテム

レインボー色《いろ》のかさ

コーデのポイント

雨《あめ》の日《ひ》はカラフルがテーマ。七色《なないろ》のかさを主役《しゅやく》に、タイダイT《ティー》シャツをあわせれば、どんな色《いろ》だってリンクさせられる。ほら見《み》て、足元《あしもと》までカラフル！
（ポップ／Y《ワイ》シルエット）

ホノカ、12歳《さい》。
お気《き》に入《い》りのかさがあるから
雨《あめ》の日《ひ》が楽《たの》しみ。
鼻歌《はなうた》まじりにホップ、ステップ、
ジャンプで水《みず》たまりをとびこえたら、
小《ちい》さなにじが見《み》えた！

Little Lady's

Little Lady's
STYLE COLLECTION 6

あれ、他《ほか》のみんなは？　夏祭《なつまつ》り、
気《き》づいたらあいつとふたりきり。
金魚《きんぎょ》すくい、あんずあめ、
なによ、そのてれた顔《かお》。
どうしようドキドキしてきた！
セナ、12歳《さい》。

主役《しゅやく》アイテム

ギンガムチェックのワンピース

コーデのポイント

おとなっぽさをだすためのロング丈《たけ》がポイント！　あわせるのはオフショルダーのトップス。チラッと肌《はだ》を見《み》せて、足元《あしもと》はヒールサンダル。ドキッと背《せ》のび。
（ガーリー／A《エー》シルエット）

主役《しゅやく》アイテム

キャミソール

コーデのポイント

赤《あか》いキャミソールはマリンコーデにぴったり！ フロントボタンのデニムスカートにあわせれば……。ほんのりレトロなおしゃれガール。
（ベーシック／I《アイ》シルエット）

ゆい、12歳《さい》。
お気《き》に入《い》りの場所《ばしょ》は
となり町《まち》の本屋《ほんや》さん。
水色《みずいろ》の表紙《ひょうし》、海《うみ》の絵《え》、世界《せかい》の果《は》ての写真集《しゃしんしゅう》。
この夏《なつ》はたくさんの物語《ものがたり》を
わたしの中《なか》に息《いき》づかせたいの。

Little Lady's
STYLE COLLECTION 7

カノンとなぎさ。
すきな服《ふく》を着《き》てあこがれの町《まち》へ。
つぎはポップコーン食《た》べよ。そのあとどこいく？
これはわたしたちの冒険《ぼうけん》。
夏休《なつやす》みはまだ、はじまったばかり。

主役《しゅやく》アイテム チュールスカート

コーデのポイント わたあめみたいなふんわりスカートに、あえてのＴ《ティー》シャツインで、ポップさをプラス。ほら、あまくなりすぎない♥（ガーリー＆《アンド》ポップ／Ｘ《エックス》シルエット）

主役《しゅやく》アイテム

ギンガムチェックのブラウス

コーデのポイント

お気《き》に入《い》りのブラウスにピンクのタイトスカートをあわせたレトロなフレンチガール♥　モチーフバッグで遊《あそ》びをプラス！（ガーリー／Ｉ《アイ》シルエット）

主役《しゅやく》アイテム ラガーシャツ

コーデのポイント

スポーティーなトップスにガーリーなプリーツをあわせてキッチュなあまさに♥
(ガーリー&《アンド》ポップ／X《エックス》シルエット)

主役《しゅやく》アイテム

ビッグT《ティー》シャツ(お兄《にい》ちゃんからかりた)

コーデのポイント

T《ティー》シャツをベルトでブラウジング！ おとなななロングスカートをあわせれば、ストリートガールのできあがり。
(クール&《アンド》ポップ／I《アイ》シルエット)

主役《しゅやく》アイテム ライトグレーのジレ

コーデのポイント

ジレで縦《たて》ラインを強《きょう》調《ちょう》してスタイルよく！ デザインT《ティー》シャツやチェーンベルトでトレンド感《かん》をプラスして一気《いっき》におとな見《み》え。
(クール／I《アイ》シルエット)

ジュノ、めい、ルキ。
この楽《たの》しい時間《じかん》がずっとつづけばいいのに。
タイムカプセルにとじこめて、
ずっととっておくんだ。
わすれない、わすれたくない、12歳《さい》の夏《なつ》。

Little Lady's STYLE COLLECTION 9

ひなた、12歳《さい》。
日当《ひあ》たりのよい部屋《へや》で
画用紙《がようし》にむかう。
今《いま》、この目《め》にうつる世界《せかい》の
キラキラを全部《ぜんぶ》、
えんぴつでうつしとる。
絵《え》をかくって、
なんて楽《たの》しいんだろう！

主役《しゅやく》アイテム

デニムのサロペット

コーデのポイント

カジュアルなサロペットに、こんなふうにシャツをあわせてコーデ力をUP《アップ》！ そでにデザインのあるトップスをあわせるのもおすすめだよ。（ベーシック／I《アイ》シルエット）

主役《しゅやく》アイテム　ドット柄《がら》のブラウス

コーデのポイント

ふんわりやさしいラベンダーをしっかりした
グリーンで引《ひ》きしめてノーブルに。
（ガーリー／X《エックス》シルエット）

主役《しゅやく》アイテム

ニーハイソックス

コーデのポイント

ニーハイソックスにあわせる
のはミニスカート♥　カー
ディガンのボタンをぜんぶと
めれば、かっちりスクール
ガールに！
（ベーシック／A《エー》シルエット）

せーの、で音楽《おんがく》が鳴《な》りはじめる。
わたしたちの指先《ゆびさき》から
アンダンテ・カンタービレ。
音楽室《おんがくしつ》のまどをぬけて、
九月《くがつ》の空《そら》へ音符《おんぷ》がとんでいく。
ユリとココハ、12歳《さい》。

Little Lady's
STYLE COLLECTION 10

主役《しゅやく》アイテム

トレンチコート

コーデのポイント

あこがれのトレンチコートに挑戦《ちょうせん》！　あわせるのはボーダーにネイビーのスカート。フレンチマリンのできあがり★（ベーシック／X《エックス》シルエット）

12歳《さい》になってから、
映画《えいが》を観《み》るのがすきになった。
主人公《しゅじんこう》になりきって、
いつもの町《まち》をずんずん歩《ある》く。
あの子《こ》と同《おな》じくつ音《おと》が
石《いし》だたみにひびいていく。
リン、12歳《さい》。

Little Lady's
STYLE COLLECTION 11

Little Lady's

アカリ、12歳《さい》。おどるのがすき。
もっともっとうまくなりたい！
「ダンスってね、風《かぜ》をおこせる魔法《まほう》なのよ」
とノリコ先生《せんせい》はいう。
かっこいいおとな。
わたしのあこがれ。

主役《しゅやく》アイテム

ワイドパンツ

コーデのポイント

ワンツーコーデだからフープイヤリングや、キャップのかぶり方《かた》でこなれ感《かん》をプラス！ ワイドパンツはサイドのスナップボタンをはずして抜《ぬ》け感《かん》をだして。
（クール＆《アンド》ポップ／I《アイ》シルエット）

Little Lady's
STYLE COLLECTION 13

くるみ、12歳《さい》。このカフェはかくれ家《が》。
マスターに「宿題《しゅくだい》もやれよ」っていわれたけど、
本《ほん》のつづきが気《き》になって、今《いま》はむり。
このお話《はなし》にでてくる子《こ》、わたしににてるんだもん。

主役《しゅやく》アイテム

パッチワークのワンピース

コーデのポイント

いろんな生地《きじ》をつなぎあわせたワンピースは、まるで物語《ものがたり》をつむいでいるみたい。いつものデニムとシンプルなセーターをあわせたよ。
（ガーリー／I《アイ》シルエット）

主役《しゅやく》アイテム

ダルメシアン柄《がら》の
ワンピース

コーデのポイント

おしゃれする日《ひ》にえらぶのはこのワンピ！　赤《あか》いチェックのジャケットをあわせて気分《きぶん》はロックンロール。（ポップ＆《アンド》クール／I《アイ》シルエット）

主役《しゅやく》アイテム

モチーフバッグ

コーデのポイント

このバッグ、ふつうのコーデじゃ負《ま》けちゃうから……チェックのワンピにレオパード柄《がら》をあわせてパンチをきかすの！（ポップ＆《アンド》ガーリー／Y《ワイ》シルエット）

ちひろとナツキ。
すきなものは
ファッション雑誌《ざっし》とミシン、
それに、ほりだしものが
見《み》つかるフリーマーケット。
おしゃれは自由《じゆう》。
ふたりだから、
冒険《ぼうけん》するのもこわくない！

Little Lady's
STYLE COLLECTION 14

主役《しゅやく》アイテム

ライダースジャケット

コーデのポイント

ジャケットにチュールスカート。ちがう素材《そざい》をあわせてそれぞれ存在感《そんざいかん》UP《アップ》！
（ガーリー&《アンド》クール／X《エックス》シルエット）

主役《しゅやく》アイテム

赤《あか》いダッフルコート

コーデのポイント

イギリスの男《おとこ》の子《こ》みたいにダッフルを着《き》る。ノルディックセーターがポイント。
（ベーシック&《アンド》ガーリー／I《アイ》シルエット）

主役《しゅやく》アイテム

チェスターコート

コーデのポイント

シンプルなコートにはカラフルなワンピ！　ベルトON《オン》でバランスをとるの。（ガーリー／A《エー》シルエット）

主役《しゅやく》アイテム

ボアのブルゾン

コーデのポイント

もふもふのボリュームアウターにはコンパクトボトムスで、すっきりスタイル！（クール／Y《ワイ》シルエット）

アイリ、すず、ソラ、ココ。
思《おも》い思《おも》いにすきな服《ふく》を着《き》て、
むねをはって歩《ある》く。自分《じぶん》たちで考《かんが》えた、
とびっきりのコーディネート。
わたしたち、これからパーティーなの！

Little Lady's STYLE COLLECTION 16

主役《しゅやく》アイテム

レースのつけえり

コーデのポイント

アクセサリーがきょうの主役《しゅやく》！
いつものニットとショートパンツのコーデも、つけえりと赤《あか》いリボンでドレスアップ♥
（ガーリー／I《アイ》シルエット）

シオリ、12歳《さい》。
まどの外《そと》はホワイトクリスマス。
あたたかい部屋《へや》の中《なか》で、
みんなのおしゃべりと
ジングル・ベルがおどってる。
さあ、お楽《たの》しみのプレゼントタイム！

気《き》がつけば三学期《さんがっき》。
もうすぐ卒業《そつぎょう》だなんて
しんじられない！
キリリとすんだ
空《そら》のむこうに未来《みらい》をさがす。
わたし、どんなおとなに
なるんだろうね。
リコ、12歳《さい》。

主役《しゅやく》アイテム

ダウンジャケット

コーデのポイント

パープルのダウンジャケットにはピンクのチェックスカートをあわせてあまさをプラス。ダウンは少《すこ》し大《おお》きめサイズをえらぶとストリート感《かん》がでてグッド！
（ポップ&《アンド》ガーリー／Y《ワイ》シルエット）

Little Lady's

主役《しゅやく》アイテム

ライトブルーの
リボン&《アンド》セーター

コーデのポイント

おまもりみたいなピンクのコート、きょうはあまくなりすぎないようにライトブルーのセーターをあわせた。おそろいの水色《みずいろ》リボン、気《き》づいてくれるかな？
（ガーリー／A《エー》シルエット）

エリカ、12歳《さい》。
ああ、ドキドキする。全身《ぜんしん》が心臓《しんぞう》みたい。
チョコをわたしたら、
カフェにさそってみよう。
わたしはミルクティーで、
レンくんはきっとクリームソーダ……。

Little Lady's
STYLE COLLECTION 18

Little Lady's

主役《しゅやく》アイテム

花柄《はながら》のワンピース

コーデのポイント

ロマンティックなワンピに、あえてスポーティーなエッセンスをプラス！　おでかけ服《ふく》にスニーカーって、わるくないよ★（ガーリー&《アンド》ポップ／Y《ワイ》シルエット）

ミオ、12歳《さい》。
もうまちきれない。春《はる》をつかまえにいこう。
青信号《あおしんごう》をかけぬけて、大《おお》きく息《いき》をする。
沈丁花《じんちょうげ》の香《かお》り、ゆれる踊子草《おどりこそう》。未来《みらい》はもう、すぐそこに。

My favorite things when I was 12 years old...
ヒロが12歳《さい》のとき、すきだったもの……
LETTERS
いろんな形《かたち》におって友《とも》だちにわたすの
CLOTHES
ヨットと海《うみ》のワンピース
パフ・ザ・マジックドラゴンのT《ティー》シャツ
ラベンダー色《いろ》のギンガムワンピ
ピンクのブーツ
STATIONERY
たいせつな日記《にっき》と手帳《てちょう》
DIARY
Ticket
HAPPY
シール、ミルキーペン、カラフル消《け》しゴム
BOOKS
おとなになった今《いま》でもだいすき♥
赤毛のアン
おちゃめなふたご
メリー・ポピンズ
モモ momo
MAGAZINES
すみからすみまでなんども読《よ》んだ！
わたしの原点《げんてん》★
CUTiE
8/16
大胆に!! 柄物100
原宿おしゃれ大調査♪
MyBirthday
6
おまじない!!
夢占いBOOK
PeeWee
8
自分の時間

Little Story《リトル・ストーリー》

「すき!」はたからもの

まわりとちがうと、ちょっとめんどう。
こんなふうに、とけこんでしまうほうが、
らくちん。

めだたない、めだたない。
そう、おまじないのように。

だけど、ある日《ひ》のこと。
ショーウインドーにうつった自分《じぶん》を見《み》て
思《おも》っちゃった。「これ、だれ?」って。

いそいで帰《かえ》って、
制服《せいふく》をぬぎすて自転車《じてんしゃ》にとびのった。
いちばんすきな服《ふく》を着《き》て。

それで、なにをしたかって？

思《おも》いきって、ずっとしてみたかった
髪型《かみがた》にしちゃった！

ふしぎ。なんだか羽《はね》がはえたみたい。

体《からだ》が軽《かる》くなって、むねをはって、

「これが、わたし！」ってさけびたくなった！

クローゼットをあけると、

たからものたちが

キラキラむかえてくれる。

ときめきと、元気《げんき》と、

勇気《ゆうき》をくれる。

すきな服《ふく》を着《き》る。
たったそれだけのことで、
世界《せかい》がかわって見《み》えた。

おわりに

リトル・レディのおしゃれの話《はなし》、いかがでしたか？
きっと、今《いま》すごく「おしゃれしたーい！」っていう気持《きも》ちに
なっているんじゃないかな？

じつは、わたしもそうなんだ
空色《そらいろ》のワンピースにすてきなくつをはいて、
いったことのない町《まち》へでかけたいような気分《きぶん》。
いくつになっても、おしゃれって、ほんとうに楽《たの》しいよね！

ジュニア雑誌《ざっし》でスタイリングのお仕事《しごと》をしているとき、
リトル・レディなモデルさんたちを見《み》ていて、
いつも思《おも》うことがあるの。 それはね、
「おしゃれを楽《たの》しんでいるリトル・レディは、
どんどん・どんどん・かわいくなっていく！」
ってこと。そのすがたに、いつも感動《かんどう》してしまうの。

毎日《まいにち》のあちこちにアンテナをたてて、
自分《じぶん》のときめきに敏感《びんかん》でいるリトル・レディたち。

部活《ぶかつ》や絵画《かいが》教室《きょうしつ》、ダンス教室《きょうしつ》やピアノのレッスンなどで
インスピレーションをうけたり、
映画《えいが》やドラマや本《ほん》、雑誌《ざっし》から新《あたら》しいあこがれを見《み》つけたり、
まるで深呼吸《しんこきゅう》をするみたいに、リトル・レディたちが夢中《むちゅう》で
自分《じぶん》の「すき♥」をからだいっぱいでうけとめているすがたは、
とてもまぶしいです。

だから、あなたも、ときめきの心《こころ》をにがさないで。
「すき♥」って思《おも》ったら、そのしっぽをしっかりつかまえてね。

日々《ひび》のおしゃれは、新《あたら》しいときめきを見《み》つけられる絶好《ぜっこう》のチャンス！
リトル・レディのみんなには、
わたしにはムリ、これはにあわないってきめつけないで、
「**着《き》てみたい、トライしたい、興味《きょうみ》ある！ すき！**」
って気持《きも》ちに正直《しょうじき》になってほしいです。

みんなと同《おな》じ服《ふく》を着《き》てないとだめとか、
あのブランドじゃないとだめとか……
だれかの「すき」にあわせる必要《ひつよう》はないよ。
流行《りゅうこう》していても、していなくても、「わたしはこれがすきなの！」
ってどうどうとしているのが、なによりすてき。
すきなもの、きらいなもの、みんなそれぞれちがうから、
いろんな意見《いけん》があって当然《とうぜん》だし、だからこそ色《いろ》とりどりでおもしろい。
まわりのことをきめつけない。そして、自分《じぶん》のことも、ね。

その日《ひ》のコーディネートが心《こころ》とちゃんとつながっていると、

ありのままのわたしでいられるよ。

おしゃれって、つまりそういうこと。

身《み》につけるアイテム、メイクアップ、ヘアアレンジで、

自分《じぶん》だけのときめきをつくりだすことなんだ。

おとなになっても、それは同《おな》じ。

いつだって心《こころ》を見《み》つめて、すきなおしゃれをすることができる。

いつからでも、おしゃれ力《りょく》はきたえられて、積《つ》みかさねていける。

その先《さき》に自分《じぶん》だけの「スタイル」があるの。

おとなでもない、でも小《ちい》さな子《こ》どもでもない

境界線《きょうかいせん》をゆくリトル・レディのみんなが、

自由《じゆう》におしゃれを楽《たの》しめますように。

いつか、すてきなおとなになる日《ひ》まで。

Best Wishes,
ヒロより

リトル・レディの

おしゃれチェックリスト

Coordinate コーディネートについて

- □ 朝《あさ》は自分《じぶん》に質問《しつもん》！「きょうはどんなわたしになる？」
- □ 一番《いちばん》「着《き》たい！」と思《おも》う服《ふく》を主役《しゅやく》アイテムにする
- □ 主役《しゅやく》アイテムをどう着《き》るかの作戦《さくせん》をたてる
- □ 主役《しゅやく》アイテムを引《ひ》きたてるアイテムをえらぶ
- □ 服《ふく》の色《いろ》と柄《がら》、素材《そざい》、シルエットを意識《いしき》する

- □ 足元《あしもと》のおしゃれのコツは、ボトムスとのバランス
- □ バッグのチョイスはコーディネートの自由《じゆう》な冒険《ぼうけん》！
- □ アクセサリーはさいごにふりかけるスパイスと考《かんが》えて

- □ ガーリーな気分《きぶん》の日《ひ》は、X《エックス》ラインかA《エー》ライン
- □ クールになりたい日《ひ》は、黒《くろ》を味方《みかた》につけて
- □ ポップな気分《きぶん》の日《ひ》は、反対色《はんたいしょく》コーデできまり
- □ ベーシックでいたい日《ひ》は、まよわず定番《ていばん》アイテムを

Beauty きれいにまつわること

- □ ヘアアレンジの鉄則《てっそく》。「服《ふく》を着《き》がえたあとにすること！」
- □ メイクはほんのり。天然《てんねん》の美《うつく》しさに色《いろ》をのせて
- □ 立《た》つときは、足《あし》のうらに大地《だいち》を感《かん》じて
- □ 歩《ある》くときは、おへそから足《あし》がはえているイメージで
- □ きれいをつくるのは、夜《よる》のねむりひめタイム
- □ ゆたかな表情《ひょうじょう》は、それがどんなリアクションでも
それだけで魅力的《みりょくてき》
- □ 笑顔《えがお》は最強《さいきょう》のおしゃれ！

Dairy things 日々《ひび》、大切《たいせつ》なこと

- □ 自分《じぶん》とだれかをくらべない
- □ だれかのことも自分《じぶん》のこともきめつけない
- □ イライラしたら、深呼吸《しんこきゅう》のおまじない
- □ 「すき♥」と感《かん》じる気持《きも》ちを大事《だいじ》にして
- □ リトル・レディな日々《ひび》は、あなただけの宝物《たからもの》

PROFILE

服部裕子
Hiroko Hattori

文化女子大学卒業。
アシスタント経験を経て独立しフリーのスタイリストに。
ファッション誌や広告、タレント、俳優をはじめ、
女子小学生ナンバーワンおしゃれ雑誌「ニコ☆プチ」（新潮社）
などジュニア向けファッション誌やジュニアブランド広告の
スタイリングを数多く手がける。

サトウユカ
Yuka Sato

東京デザイナー学院グラフィックデザイン科
イラストレーション専攻卒。
著書に『キャンディ☆フェアリー 妖精ガールの
すてきなひみつ１００』「ガールズぬりえブック」シリーズ、
挿絵作品に「ランプの精 リトル・ジーニー」シリーズ
（以上ポプラ社）、『めざせ！動物のお医者さん』（講談社）などがある。

BOOK STAFF

スタイリングと文
服部 裕子

物語と絵
サトウ ユカ

装幀デザイン
岡本 歌織
（next door design）

本文デザイン
小木曽 杏子　坂本 茜　穂坂 麻里　渋谷 陽子
大井 香苗　小寺 練　入江 香奈　佐々木 伸
（文響社デザイン室）

取材・編集協力
清水 あゆこ

校正
株式会社ぷれす

企画・編集
森 彩子
（文響社）

12歳《さい》のスタイルブック
はじめてのおしゃれレッスン

2020年11月17日　第1刷

著　者　服部裕子・サトウユカ

発行者　山本周嗣

発行所　株式会社文響社
〒105-0001 東京都港区虎ノ門2-2-5　共同通信会館9F
ホームページ　https://bunkyosha.com
お問い合わせ　info@bunkyosha.com

印刷・製本　株式会社廣済堂

みんなのおたより、まってます★
〒105-0001
東京都港区虎ノ門2-2-5
共同通信会館9F
(株)文響社《ぶんきょうしゃ》
「12歳のスタイルブック」係まで

この本に関するご意見・ご感想をお寄せいただく場合は、郵送またはメール(info@bunkyosha.com)にてお送りください。

ISBN978-4-86651-314-0
N.D.C.593/143P/21cm　Printed in Japan

A Style Book

for Little Ladies